法文化(歴史・比較・情報)叢書 ⑮

身分

法における垂直関係と、水平関係

中野雅紀 編

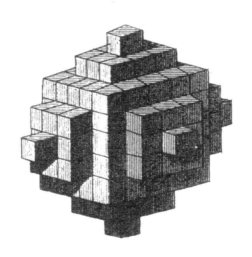

国際書院

Law and Culture Series ⑮

Reconsideration of status
between the vertical relation and the level relation in law
by
Masanori Nakano (ed.)
Copyright © 2017 by Society for the Study of Legal Culture
ISBN4-87791-285-7 C3032 Printed in Japan

叢書刊行にあたって

法文化学会理事長　真　田　芳　憲

　世紀末の現在から20世紀全体を振り返ってみますと、世界が大きく変わりつつある、という印象を強く受けます。20世紀は、自律的で自己完結的な国家、主権を絶対視する西欧的国民国家主導の時代でした。列強は、それぞれ政治、経済の分野で勢力を競い合い、結局、自らの生存をかけて二度にわたる大規模な戦争をおこしました。法もまた、当然のように、それぞれの国で完全に完結した体系とみなされました。学問的にもそれを自明とする解釈学が主流で、法を歴史的、文化的に理解しようとする試みですら、その完結した体系に連なる、一国の法や法文化の歴史に限定されがちでした。

　しかし、21世紀をむかえるいま、国民国家は国際社会という枠組みに強く拘束され、諸国家は協調と相互依存への道を歩んでいます。経済や政治のグローバル化とEUの成立は、その動きをさらに強めているようです。しかも、その一方で、ベルリンの壁とソ連の崩壊は、資本主義と社会主義という冷戦構造を解体し、その対立のなかで抑えこまれていた、民族紛争や宗教的対立を顕在化させることになりました。国家はもはや、民族と信仰の上にたって、内部対立を越える高い価値を体現するものではなくなりました。少なくとも、なくなりつつあります。むしろ、民族や信仰が国家の枠を越えた広いつながりをもち、文化や文明という概念に大きな意味を与え始めています。その動きを強く意識して、「文明の衝突」への危惧の念が語られたのもつい最近のことです。

　いま、19・20世紀型国民国家の完結性と普遍性への信仰は大きく揺るぎ、その信仰と固く結びついた西欧中心主義的な歴史観は反省を迫られています。すべてが国民国家に流れ込むという立場、すべてを国民国家から理解す

るというこれまでの思考形態では、この現代と未来を捉えることはもはや不可能ではないでしょうか。21世紀を前にして、私たちは、政治的な国家という単位や枠組みでは捉え切れない、民族と宗教、文明と文化、地域と世界、そしてそれらの法・文化・経済的な交流と対立に視座を据えた研究に向かわなければなりません。

　このことが、法システムとその認識形態である法観念に関しても適合することはいうまでもありません。国民国家的法システムと法観念を歴史的にも地域的にも相対化し、過去と現在と未来、欧米とアジアと日本、イスラム世界やアフリカなどの非欧米地域の法とそのあり方、諸地域や諸文化、諸文明の法と法観念の対立と交流を総合的に考察することは、21世紀の研究にとって不可欠の課題と思われます。この作業は、対象の広がりからみても、非常に大掛かりなものとならざるをえません。一人一人の研究者が個別的に試みるだけではとうてい十分ではないでしょう。問題関心を共有する人々が集い、多角的に議論、検討し、その成果を発表することが必要です。いま求められているのは、そのための場なのです。

　そのような思いから、法を国家的実定法の狭い枠にとどめず、法文化という、地域や集団の歴史的過去や文化構造を含み込む概念を基軸とした研究交流の場として設立されたのが、法文化学会です。

　私たちが目指している法文化研究の基礎視角は、一言でいえば、「法のクロノトポス(時空)」的研究です。それは、各時代・各地域の時空に視点を据えて、法文化の時間的、空間的個性に注目するものです。この時空的研究は、歴史的かつ比較的に行われますが、言葉や態度の表現や意味、交流や通信という情報的視点からのアプローチも重視します。また、この研究は、未来に開かれた現代という時空において展開される、たとえば環境問題や企業法務などの実務的分野が直面している先端的な法文化現象も考察と議論の対象とします。この意味において、法文化学会は、学術的であると同時に実務にとっても有益な、法文化の総合的研究を目的とします。

法文化学会は、この「法文化の総合的研究」の成果を、叢書『法文化―歴史・比較・情報』によって発信することにしました。これは、学会誌ですが学術雑誌ではなく、あくまで特定のテーマを主題とする研究書です。学会の共通テーマに関する成果を叢書のなかの一冊として発表していく、というのが本叢書の趣旨です。編者もまた、そのテーマごとに最もそれにふさわしい研究者に委ねることにしました。テーマは学会員から公募します。私たちは、このような形をとることによって、本叢書が21世紀の幕開けにふさわしいものになることを願い、かつ確信しております。

　最後に、非常に厳しい出版事情のもとにありながら、このような企画に全面的に協力してくださることになった国際書院社長の石井彰氏にお礼を申し上げます。

　　　　　　　　　　　　　　　　　　　　　　　　　1999年9月14日

身分：
法における垂直関係と、水平関係

目　次

序　　　　身分：法における垂直関係と水平関係……………… 中野雅紀　7

第1章　近世自然法論における家族身分の平等化：
　　　　親権の内容と帰属に関する議論を中心として………出雲　孝　23

第2章　平等理念と身分：
　　　　政治と法の相克………………………………………木原　淳　47

第3章　スウェーデン航海法構想をめぐる「諸身分」の関係：
　　　　スウェーデン王国議会商務代表団の活動を中心に……齊藤豪大　73

第4章　改革直前期のプロイセン将校団：
　　　　"年功序列制"の実態 …………………………………大藤慎司　99

第5章　国際裁判における少数者に対する文化的考慮：
　　　　米州人権裁判所判例モアワナ共同体事件を中心に… 高崎理子　119

第6賞　近世の百姓身分と捺印……………………………… 千葉真由美　143

第7章　「市民」という「身分」について ……………………… 中野雅紀　165

編者・執筆者紹介……………………………………………………… 189

索引…………………………………………………………………… 193

身分:
法における垂直関係と、水平関係

中 野 雅 紀

　2015年11月14日（土）に慶應義塾大学三田キャンパス南校舎442番教室で開催された法文化学会研究大会のテーマ「身分──法における垂直関係と、水平関係─」の成果を法文化叢書の1冊としてここに刊行する運びとなった。寄稿者の多くは報告者として当日演壇に立たれた方々であるが、本書にはそれにとどまらず、本来ならば開催校であったはずの私の本務校である茨城大学関係者、あるいは卒業生も含まれている。また当日報告された篠原永明氏が掲載を辞退されたことから、わたしの母校繋がりで後輩の木原淳氏および高崎理子氏にも原稿を投稿していただいた。法文化学会の設立の経緯から、この叢書の歴代の執筆者は一橋大学、慶應義塾大学、中央大学の出身者が大半を占めてきたのであるが、本書にかぎって茨城大学関係者が多く執筆しているのは、以上のような経緯からである。学会としての発展は、さまざまな大学の関係者から構成され、開かれたものであることが望ましい。その意味で、本大会のテーマに沿った1冊になったのではないかと自負するところである。いずれにせよ、本研究大会の内容が1冊の叢書として刊行されたのも、報告者・執筆者諸氏によるところであり、改めて編者としてこれらの諸氏に対して感謝する次第である。

さて、いま、「身分 status」を問うことの意義とはなんであろうか。当然のことながら、それは封建的な身分社会を肯定し、社会における差別を公認することではない。むしろ、ヘイト、あるいはハラスメントによって必要以上に、学問的議論がしにくくなった「身分」を問い直すということである。特に、『少数者の権利』の中でゲオルグ・イェリネック（Georg Jellinek、1851-1911年）も指摘しているように、「人権のプロトタイプは少数者の権利」であるとするならば[1]、それに目をつぶることはできないだろう。むしろ、「黒歴史」を「黒歴史」として認め[2]、その反省からその国家や社会で守られるべき「自由」や「権利」を評価すべきである。ヨーロッパ大陸で「信教の自由」が強調されるのは忌まわしい宗教戦争や魔女裁判といった黒歴史があったからであり、アメリカ合衆国で平等権が強調されるのは奴隷制度や、人種差別という黒歴史があったからであり、日本において憲法31条以下のデュー・プロセス条項がくどいほど詳細に規定されているのは、糾問主義に基づく刑事手続による人権侵害という黒歴史があったからである。実は、憲法を読めばその国の歴史がわかるのである[3]。

話を続けよう。開催校となった慶應義塾の祖である福澤諭吉（1835-1901年）は『学問のすゝめ』の中で、「天は人の上に人を造らず人の下に人を造らずと言えり」といった[4]。また、『文明論之概略』の中で、彼は「フリイ・シチは自由なる市邑の義にて、その人民は即ち独立の市民なり」といっている[5]。この考えの基礎には、アメリカの独立宣言からの影響が大きいことが知られている。であるとすれば、アメリカ独立宣言と、同時代に書かれたアベ・シェイエス（(Emmanuel-Joseph Sieyès、1748-1836年）の『第三身分とは何か』を連想することも、難しいことではない[6]。では、シェイエスが否定しようとする身分制とは何か。それは、国家主権論を唱えたジャン・ボダン（Jean Bodin、1530-1596年）によれば、以下のようになろう。彼によれば、「国家とは、あまたの家に対する、またそれらに共通のものに対する、主権による正しい統治」である[7]。ここに、フランス革命においてアンシャ

序　身分　9

（写真①）

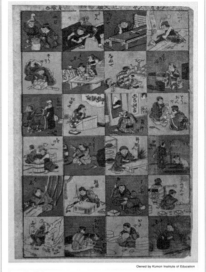
（写真②）

ンレジューム（写真①）の解体のみならず、一挙に「家父長権 status familiae」を代表する「身分」の解体がすすめられた、と一般に解される。

　石川健治の優れた点は、近代国家が伝統的な中間団体を破壊・消去したことを根拠にして、伝統的な身分論の下で枢要な身分であったstatus familiaeを破砕し、基本権の再構築をはかるべきだと主張したことにある。しかし、それよりも重要な点は、彼がゲオルグ・イェリネックのStatuslehre のStatusをあえて「地位」と訳さず、「身分」と訳したことにある。その石川ですら、その説明に際して「あえて言えば身分、身分というと若干余計なニュアンスを含みますので地位と訳されることが多いのですが」[8]と、ひとつ注意をいれなくてはならないことになってしまう。ある意味で、これは「身分」を問うことがひとつのタブーとなっていることを示している。

　では、法律学において「身分」制について語る必要性はなくなったのか。そうではない。たとえば、民法における「親族・相続」はどうか。あるいは、

刑法の「身分犯」はどうなのか[9]。はたまた、憲法における「国家」と「社会」の分離の問題はどうなのか。「身分」はまだまだ論じ尽くされているとは言えないのではないか。今回の研究大会では、「北欧の商人の経済活動」、「プロイセンにおける軍人の地位」および「国家を過度に「敵視」する考えについての問題提起」をテーマに登壇してくれる若手の研究者が手を挙げてくれた。「第三身分とは何か？全てである！」であるとするならば[10]、「商人」、「軍人」あるいは「国家」の「位置」づけの問題は欠かせないであろう。このような順序で本研究大会における四つの報告は好評のうちにおこなわれ、つつがなく終了したのである。

　実は、大会趣旨において明確にしなかったのであるが、私は日本の職人文化のことも考えていた。日本の歴史に身分差別がなかったとは言えないが、しかし一方で日本にはドイツのマイスター制と同じような職人を尊重するという歴史がある。その証左として、以下に写真を挙げるような「職人尽くし」絵がいくつも存在している（写真②）。このような職人技が尊ばれる社会であった日本においては、一方においては「職業に貴賤なし」ということばが[11]、本当に妥当する社会であったのではないか。そのような側面からも、「身分」や「職能」も考えてみたくなった。この考え方は、しばしばマックス・ウェーバー（Max Weber、1864-1920 年）の説くカルバン派の「天職 Beruf」との類似性が指摘されるところである。そういった観点から、日本における身分制について茨城大学の同僚である千葉真由美先生に依頼した。突然の依頼にもかかわらず、こちらの締め切りまでに間に合わせてくれた千葉先生にも感謝する。

　現代の初等・中等教育における歴史の記述のしかたは、われわれが子どもの頃習ったものとは相当異なっている。その最たる例が、現在の教科書では「士農工商」の記載はなくなったということに表れている。反対に言えば、ご先祖がなにをしていたのか、知らない世代が現れているのである。つまり、おじいさんが何をしていたのかを知らない子どもたちがあらわれてきた

のである(余計なことであるが、50歳の大台にとってわたしは場合によれば、小学生にとってはおじいさんの世代である)。

日本の歴史との関係で、つい最近、放送が終了したNHK「ファミリー・ヒストリー」という番組をわたしは毎週楽しみにしていた。意外な人物の三代以上前の先祖にさかのぼる話は、なかなか面白いものであった。しかし、この番組にも以下のような批判があったことが指摘されている[12]。

「日本の因習である「血の重視」の風潮を煽り、それによって不当な差別が助長されることにもつながりかねない。」

この批判には、わが国特有の「養子制度」などとの関係で、わが国においては「血の重視」というよりも、「家名の重視」という別の問題があることを配慮すべきであろう、と答えるにとどめておく。紙面的な問題もあり、また「status」論を離れて、ひろく「身分制」一般の議論を展開するならば、そこに誤解が生じる可能性があることから、また別の機会に検討することとする。

本書は法文化学会研究報告大会の議事録的意味合いを持つことから、以下、当日の報告内容と、本書の構成の説明をおこなう。

まず、岩谷十郎理事長の開催挨拶がおこなわれた。次に、自由報告として藤原凜会員(一橋大学)が「死刑執行停止後の韓国の刑事政策の実態」を王雲海会員の司会の下に報告した。次に、テーマ報告「身分——法における垂直関係と、水平関係」の趣旨説明を私、中野雅紀(茨城大学)がおこなった。引き続き、以下の報告も司会は私がおこなった。まず、齊藤豪大氏(一橋大学)が「スウェーデン航海法制定における担い手」を報告した。お昼休みを挟んで、大藤慎司会員(駿台教育振興)が「改革の対象としてのプロイセン将校団——"年功序列"制の実態——」を報告した。次に、篠原永明氏(甲南大学)が「「価値」としての基本権上の自由と憲法秩序における個人の地位」を報告した。そして最後に、出雲孝会員(中央大学)が「近世自然法

論における夫婦間の平等——親権を中心にして——」を報告した。そのあと、総会と閉会挨拶があり、無事研究大会は終了した。それぞれ、所属は報告時点。なお、カッコ内の所属は報告時の所属である。

　このうち、藤原凛報告は自由報告であったので本誌掲載から外し、篠原永明報告は諸般の事情で本人からの辞退があり（報告後、本叢書⑬の刊行が遅れ、本叢書が刊行するまで2年強かかり、篠原氏には御迷惑をおかけした）、これもまた本誌掲載から外させていただいた。ただ、本大会報告を基にした論文を篠原報告は別の論攷にて公表しているので、その内容は篠原「「指導原理」・客観法・憲法上の権利」『甲南法学』57巻1・2号（2016年）145-188頁の参照をしていただきたい。このような事情から、掲載論文がわずか3本となり、あらたにわたしの伝手をつかって、4本の論文を大会当日の報告者とは別に募ったわけである。

　それでは以下、本書に掲載された論文の概略を、本叢書前号の岩谷十郎理事長に倣って、僭越ながらわたしがさせていただく。

　まず本叢書第1章「近世自然法論における家族身分の平等化：親権の内容と帰属に関する議論を中心として」で出雲孝会員（朝日大学）は以下のように「身分」論を展開する。

　地域や時代に応じて、家族関係はさまざまな形態をとる。現代私法の母体となったローマ法に着目するならば、そこには、「奴隷のみならず、妻も子供も、家長の権力に服する」という家長を頂点とする一元的な支配関係が見られる。しかし、日本の民法典においてはこのような強大な権力は認められていない。その違いはどこから生じるのか？それに端的にこたえるため、出雲は「日本民法典が前提にしている家族観はローマ法の家族観とは異なる、別の潮流に由来している」とその偏差に着目する。このような問題意識のもと、氏は啓蒙主義に着目して、日本民法まで繋がる新しい家族観の形成過程を分析する。つまり、氏は「家族関係は、ローマ法から近代へ移行するにあ

たって、垂直関係（家長による支配）から水平関係（家族構成員間の平等）への推移」を、親権を中心に分析していくのである。

　第一に、そもそもどのような垂直関係が存在したかを明らかにするため、出雲はその出発点としてローマ法における家父長権を説明する。氏によれば、そこでは①親権が、子の成人によっても緩和しない強力な支配権であったこと、②家長が生きている限り、他の家族構成員は、財産無能力であったこと、③家長が、他の家族構成員に対する生殺与奪の権利を有していたことが特徴として挙げられる。第二に、氏はヒューゴ・グロチウス（Hugo Grotius、1583-1645 年）の親権論を紹介する。氏によれば、この段階ではグロチウスの親権論は、啓蒙期の特徴をまだ示しておらず、依然として生物学的な男女の性差を強調し、夫の優位を基礎付けていたにすぎない。第三に、氏は近世自然法論の中興の祖であるサミュエル・プーフェンドルフ（Samuel von Pufendorf、1632-1694 年）を紹介する。氏によれば、プーフェンドルフは「グロチウスのような自然主義的な男尊女卑を否定した」のみならず、「自然状態においては、むしろ女性の親権が優位である」とした。しかし氏によれば、彼の「女性優位は、市民社会の成立によって否定され、最終的には合意によって男性優位になるもの」にとどまらざるをえなかった。第四に、氏はプーフェンドルフの議論をプロイセンに持ち込んだクリスティアン・トマジウス（Christian Thomasius、1655-1728 年）の親権論を紹介する。氏によれば、トマジウスの主張は、「グロチウスの自然主義的な男尊女卑も、合意にもとづく男尊女卑も否定して、理性によって男尊女卑を正当化することはできない」というものであった。しかしながら、聖書解釈学的限界からトマジウスは「聖書が男性優位を命じており、男尊女卑は宗教的な理由にもとづいている」という考えにとどまった。第五に、氏はドイツの自然法論に対して最大の影響力を持ったクリスティアン・ヴォルフ（Christian Wolff、1679-1754 年）の親権論を紹介する。氏によれば、「ヴォルフは、トマジウスの宗教的な理由付けを否定して、親権の男性優位とは、単に習慣において

そうなっているに過ぎず、法的な根拠は一切ない」という結論に到達した。最後に、氏は総括をおこない、そこで「近世自然法論は、親権の帰属に関して、次第にラディカルな発想を押し進め、法的な夫婦平等という近代的な家族観の形成に寄与した」と結論づける。

なお、本叢書掲載論文の中で一番に原稿をあげてくださったのが、出雲孝会員である。また、掲載論文には文字制限があるので、氏の本書での議論についてさらに詳しく知りたい方は、氏が2010年度に中央大学に提出した博士論文「近世自然法論における売買と所有権の移転―所有者が二重売りをした場合に関するグロチウス、プーフェンドルフ、トマジウスおよびヴォルフの学説史―」(法博甲第78号)を参照願いたい。

本叢書第2章「平等理念と身分：政治と法の相克」で、木原淳会員（富山大学）は以下のように「身分および平等」論を展開する。

第一に、木原は「「身分」とは、平等を核とする市民法理念や主権的法秩序にとって克服の対象であり、もともときわめて相性の悪い概念」であることを指摘する。では、「身分」を無かったものにするのか、というとそうではない。氏はマックス・ウェーバーを引くことにより、18世紀啓蒙思想と対比させることで「20世紀以降の民主制の歴史は、特権としての家長身分を破壊し、大衆の政治参加と平等の徹底を求めるものであったが、他方で、経済的自由主義を支えた近代市民法が、当初の形式主義的なものから、反形式的・実質的な性格を伴うことで、近代以前にあったような法の倫理化が同時に進行する過程でもある」ことに注意を喚起する。氏は出雲の取り扱ったドイツ思想以降の思想史、つまり、啓蒙思想期と現在の思想との偏差をもって論を進めようとする。そこで、氏が主題として選んだのが「家長を市民社会における主要な権利主体であることを『法論』の中で明確に認めている」かの偉大なイマヌエル・カント（Immanuel Kant、1724-1804年）であり、彼の思想を俎上に載せて、「身分」と「平等」の関係の再考をはかるのであ

る。

　第二に、木原は以上の問題設定から「物権的対人権」、「家長権」および「投票権」の三つの観点から「カントの『法論』における身分と自立性」を批判的に検討する。第三に、自立と対比される「平等」の検討に入っていく。すなわち、氏は「平等の条件」、「保護の防壁としての身分」の二つの観点から「法の理念としての平等と不平等」を批判的に検討するのである。最後に、氏は①「啓蒙主義近代の代表としてのカントにおいて「身分」はどう位置づけられているのか」、②「現代において身分を語る意味は存在するのか」という論点に一応の回答を与えている。①の問いに対しての氏の回答は、「インゲボルグ・マウスらと同じ様に、『法論』の構想は[カント]の主権優位の理性法国家構想を示す」ものであるとする。これに対して、②の問いに対しての氏の回答は「こと身分の問題に関して言えば、カントに対し、自由主義的解釈を施す立場からも、主権優位の解釈を施す立場のいずれからもこれを原理的に引き出すことは難しい」とする。

　なお私の力不足から、木原論文の概略が十分なものとは言えないかもしれない。そのような方は、氏の労作である木原淳『境界と自由』（成文堂、2010年）を参照願いたい。

　第3章および第4章は、茨城大学教育学部出身の教え子に報告・執筆を依頼した。齊藤豪大会員も大藤慎司会員もこころよく報告および執筆を引き受けていただいた。ここにあらためて、感謝の意を示したい。とくに、齊藤氏については本来「経済史」が専門であるにもかかわらず、法文化学会にあわせて「スウェーデン航海法」についての言及していることが、心憎いところである。

　本叢書第3章「スウェーデン航海法構想における諸身分の展開：王国議会商務代表団を事例として」で、齊藤豪大会員（久留米大学）は以下のように「スウェーデンの諸身分」論を展開する。

まず、この論文において齊藤豪大氏は「1724 年 11 月に発布された「スウェーデン航海法（Produktplakatet）」の構想過程における諸身分の活動について、同法の構想において枢要な機関であったスウェーデン王国議会商務代表団（Kommersdeputation）に注目し、構想時における身分、ならびに中央と地方の関係性について考察」をおこなう。

　それでは、なぜこの時代が重要であり、それが考察の対象となるのか。氏によれば、「大北方戦争（1700-1721 年）がおこなわれていた 1718 年に国王カール 12 世（Konung XII, 在位：1697-1718 年）が戦死したことを契機として、スウェーデン王国の政治構造は大きく変化することとなった。それまで、スウェーデンでは絶対主義による国王中心の政治形態であったが、王国議会を中心とする貴族中心の政治形態へと移行していくこととなった。新たに編成された政治体制の中で大きな課題とされたものが、大北方戦争の終戦工作と戦後復興構想であった」。すなわち、旧体制の変革時期にあたるのである。続けよう。「構想過程の中で、経済政策は重要な問題とされ、外交通商部門を管轄する商務顧問会議や商務代表団では、スウェーデンの海運業や造船業に対する奨励策を議論することとなったのである。その結果として、1724 年 11 月にはスウェーデン航海法が発布され、18 世紀スウェーデンにおける海洋政策の基本的な枠組が形作られた。しかしながら、同法構想にあっては、貴族、聖職者、市民、農民という四身分間の利害対立、さらには首都ストックホルム対地方沿岸都市間において利害対立が発生し、二重の「身分」対立を招くこととなったのである」。

　このような観点から、齊藤は「エリクソンの先行研究に準拠しつつ、特に航海法構想に関する議論が取り交わされた 1723 年の商務代表団の活動に注目し、その展開過程」を明らかにする。その結果、「1724 年 11 月に発布された航海法がどのようなものであったのか、また発布後のスウェーデン王国内における反応について考察を行った。航海法構想においては、ストックホルムの大商人が大きな発言力を有しており、一種のレントシーキングの状態

になっていたこと、さらにはストックホルムに有利な状況が地方諸都市の反発を招くこととなり、1726年の修正条項の発布へとつながったこと」を示す。

　本叢書第4章「改革直前期のプロイセン将校団："年功序列制"の実態」で、大藤慎司会員（駿台）は以下のように「軍隊内部の序階」、とりわけ「年功序列」という「身分」論を展開する。
　まず、この論文において大藤慎司氏は1807年よりのプロイセン軍制改革の対象の一つである将校団について、フリードリヒ大王末期から改革直前期までを範囲とし、どのような特質を持った団体であったかを検証しようとする。氏によれば、「デメター、ヴォールファイル、パプケらによる通説では将校団は年功序列制の下に置かれ、それにより引き起こされた高齢化がイエナ・アウエルシュタットにおける敗北を招いたとされるが、士官名簿を見ると、これまでの見方通り年功序列といえるものかどうかが判然としない」。このような問題点をもとにして、氏は複数年度の士官名簿の比較検証と、それらの統計的な分析をおこない、その検証をおこなっている。
　氏によれば、「年功序列制は年齢・職歴の長短に基づく序列・昇進体系」であるとされてきた。しかし、「プロイセン将校団の序列・昇進は同階級内において、その階級に任命された年月日を基準として序列を付け昇進を行う先任制であり、決して年功序列ではない」。この問題を前提にして、第一に年功序列制か、はたまた先任制かを確認するため、氏はプロイセン将校団の序列を統計的に分析する相関係数・寄与率の計算をおこない、その結果、年功序列とはいえない数値と状態を析出する。
　第二に、氏は昇進の内実と退役においてプロイセン将校団に特徴が見られるかを検証する。その際、以下の二つの仮説をもとにして氏は検討を加える。つまり、①「士官の序列において寄与率が低く算出される原因が、佐官以上・尉官以下における昇進制度の違いではないか」という仮説と、②「尉

官以下における昇進において、佐官以上で採用されている昇進年月日に基づく昇進が為されていないのではないか」という仮説である。その結果、氏は「先任制の下に置かれる将校の数も、将校団全体からすると限られた数でしかない」ことを確認する。

　第三に、氏は「将校団の序列における低い寄与率の原因は、年功序列制の前提である終身雇用状態にプロイセン将校団が置かれていないことにあるのではないか」との仮説を立て、検討を加える。その結果、氏は「プロイセンでは将校の外国への仕官がフリードリヒ・ヴィルヘルム一世の時代から禁じられていること、連続年度の名簿分析から、一時離任した将校が離任前の階級・序列に復位できることが判明したことを併て考えると、改革直前期のプロイセン将校団では、年功序列制が実施されていたとはとても言えず、通説は修正されるべきである」と結論づける。

　最後に、以上のような統計学的手法を用いて、自身の仮説を検討することにより、氏は以下のような総括をおこなう。「改革直前期のプロイセン将校団では年功序列制は実態として用いられていなかった。であれば、必然的に軍制改革における将校団の改革に対しても再検討の必要性がある。また同時に、今回の検証では1785年から1802年の間にプロイセン軍の制度に大きな変化が生じている。さらに、長い19世紀を将校における出身身分間対立の世紀として捉えるなら、年功序列に対する否定的解釈が主であるこれまでの見方そのものをも再検討する必要性がある」とする。

　本叢書第5章「国際裁判における少数者に対する文化的考慮：米州人権裁判所判例モアワナ共同体事件を中心に」においい、高崎理子会員（中央大学）は国際法的視点から少数者のStatusについて議論を展開する。

　まず、高崎は「先住民族や少数民族、地域住民など国内少数者の文化的事情に対する国際裁判における取扱い」について考察する。氏によれば、「伝統的な国際法のアプローチでは文化的要素に重きを置かないものであった

が、近年、国際裁判所は文化に理解を示す方向へと変化しつつある」。その中で氏は、特に米州人権裁判所の判例法に焦点を当てる。なぜならば、そこには「具体的な人権条項違反を検討する際、文化的な事情を判断材料として重視する傾向にあることが認められる」からである。

　具体的判決として、高崎は「モアワナ共同体事件判決」を採りあげる。氏によれば、この判決は「部族民の文化的特殊事情に深い理解を示した点が特徴的である」とされる。また、同判決の個別意見でカンサード・トリンダーデ判事が提唱したスピリチュアル・ダメージ概念は、氏によれば「国際裁判における文化的考慮の今後のあり方を摸索する上で示唆に富んでいる」。

　文化的少数者の位置づけ、つまり身分も今後は学問的・実務的に検討されなければならないものである。氏は総括として「文化的背景が論争の本質的な部分と密接に関わる場合には、文化的側面を有する証拠をできる限り法的議論の遡上に載せて正面から論じていくことによってこそ、判決の説得力を高め、紛争の終局的解決につながる可能性があると考える」とする。

　本叢書第6章「近世の百姓身分と捺印」において、千葉真由美氏（茨城大学）は近世の百姓身分の議論を「捺印」という観点から展開する。

　まず、千葉は以下の通説的な説明から議論を始める。「豊臣秀吉による兵農分離政策を画期として、近世の身分はおおむね、支配層たる武士とそれ以外の被支配層とに分けられた。兵農分離政策は、身分的分離であると同時に、地域的分離という意味をもつ」。ここまでならば、氏の説明に独自性があるとは言えない。しかし、氏が「支配被支配、両者の居住地が分離されたために、領主による村の支配には文書が不可欠となった。領主は村の代表者たる村役人と文書の授受を行い、村役人に村運営を委任する形で統治を進めるようになった」と説くに至って、その論の立て方は彼女の非凡さをあらわすこととなる。

　氏によれば、「多くの文書が授受された近世社会に対しては、近年、「文書

社会」という用語と共にその特質に着目がされるようになっているが、文書社会と深くかかわる事象が、百姓による印の所持と使用である。近世は被支配身分である百姓も、印によって自らの意思を示す時代となったのである」。

本論文において、氏は近世前期の幕府法令や村掟における捺印の規定から、村での捺印の状況を考察、また、彼らが使用していた印そのものの特徴および文書への捺印者を整理した上で、印そして捺印が近世後期に至るまでに、村社会および百姓身分にもたらした変化について考察する。千葉氏の専門は日本史であるが、この論文はわれわれ法律学者に新しい視点を与えてくれるものではなかろうか。

なお、第七章にて本叢書の締めとして、わたしが執筆することになったが、その内容については本章をお読みいただきたい。

〈注〉

1　George Jellink, Das Recht Der Minoritaten Vortag Gehalten in Der Juristischen Gesellschaft Zu Wien, 1898.
2　そもそも、「黒歴史」という用語はアニメ「∀ガンダム」ではじめて使用されたと言われている。そこからインターネット用語として使用されるようになり、ひろく若い者のあいだで定着している。
3　拙稿「憲法は私たちの「人権」をどのように守ってくれるの？―人権を考えるための基礎知識」宍戸常寿編『18歳から考える人権（〈18歳から〉シリーズ）』（法律文化社、2015年）8-13頁を参照のこと。
4　福沢諭吉『学問のすすめほか』（中公クラシックス、2002年）3頁。
5　福沢諭吉著／松沢弘陽校注『文明論之概略』（岩波文庫、1995年）199頁。
6　シェイエス著／稲本洋之助・伊藤洋一・川出良枝・松本英実訳『第三身分とは何か』（岩波文庫、2011年）18-19頁。
7　Jean Bodin, Les six livres de la République, Paris, 1986 (réimpression de l'édition de 1593),t.I-2, p. 39.
8　https://www.youtube.com/watch?v=-KHQHTabqvA
9　判例は「男女の性別、内外国人の別、親族の関係、公務員たるの資格のような関係のみに限らず、総て一定の犯罪行為に関する犯人の人的関係である特殊な地

位又は状態を指称する」ことを「身分」とする（最判昭二七・九・一九集六・八・一〇八三）。
10　シェイエス・前掲書 18-19 頁。
11　その思想は、石田梅岩の心学による。
12　高堀冬彦「公共の電波で「家系」を探る NHK の時代錯誤〜『ファミリーヒストリー』はマズイのではないか」http://gendai.ismedia.jp/articles/-/48015
　　なお、その後『ファミリーヒストリー』は、NHK にて 2017 年秋より再開された。

第 1 章

近世自然法論における家族身分の平等化：
親権の内容と帰属に関する議論を中心として

出 雲 　 孝

はじめに

　本叢書のテーマは、「身分：法における垂直関係と、水平関係」である。このテーマと本稿との繋がりについて、まずは簡単に述べさせていただきたい。「身分」（status）とは、「それによって自己の法＝権利が変動するところの、人間に作用する性質である」（qualitas hominem afficiens, secundum quam ipsius ius variat）[1]。われわれの諸権利は、各人の身分抜きには考察されえない。ドイツ啓蒙主義の父と呼ばれたクリスティアン・トマジウス（Christian Thomasius, 1655-1728 年）は、身分をこのように定義した。この定義は、現実生活のさまざまな局面において、その正しさを証明している。例えば、両親に親権が認められるのは、彼らが父母という身分を有しているからである（民 818 条 1 項）。

　ところで、この身分は、時には垂直的であり、時には水平的である。長い人類史を振り返ってみると、紆余曲折はあれ、身分は全体として、水平化の傾向を示してきた。奴隷制および封建制は、多くの国々において姿を消して

いる。家族的身分関係もまた、例外ではない。家長を頂点とする家制度の崩壊、夫婦間の平等、子の権利の承認に続いて、90年代からは、いわゆる《友達親子》が誕生した[2]。これは、わが国における最も重要な水平化の一例であろう。

　このような垂直関係の水平化が進むとき、家族内部において、とりわけ父、母、子の三者間において、権利義務の変動が生じるはずである。単に「夫婦は平等である」とか、あるいは「子の権利も尊重されるべきである」とか、そのように述べただけでは、身分の水平化は起こらない。そのような規範的宣言は、あくまでも理念に留まる。法学者の仕事は、かかる理念を、権利義務という具体的な法律関係へと落とし込むことにある。このような架橋にとりわけ取り組んだのが、17世紀から18世紀にかけて活躍した啓蒙期自然法論者たちであった。本稿は、親権を例にとりながら、身分の垂直関係が水平関係へと移行する有様を、史料に基づいて検証したものである。

1　ローマ法における家長権

　家族的身分の水平化にあたって、啓蒙期の自然法論者たちは、ローマ法と対決している。彼らの対決対象は、ローマ法における「家長権」（patria potestas）の概念であった。それは、以下の3つの特徴を持つ。

1. 子が成人しても、この権力からは解放されない。
2. （古代には）生殺与奪の権利が含まれていた。
3. この権力に服するかぎり、子は財産無能力である。

　順番にみていく。第一に、子は、成人しても、「家長」（paterfamilias）の権力から解放されない。これは、垂直的身分関係が、家長の生存中は、永続することを意味する。また同時に、子に対する親の支配は、監護教育を目的

としないことをも意味する。なぜなら、監護教育を目的とする支配は、子が自活可能になった時点で、消滅するはずだからである。

　第二に、家長は、子に対する「生殺与奪の権利」（ius vitae ac necis）を持つ。近世自然法論者たちは、この権利を、ローマ法の家長権にとって本質的なものとみなした[3]。このような見方は、現代の研究水準に照らすと、誤りである。生殺与奪の権利は、ローマ法史のなかでも、比較的早期に、おそらくは十二表法の時代には制限されていた[4]。とはいえ、本稿は、近世自然法論者たちの議論をみるものであるから、生殺与奪の権利をひとまず仮定しておく。

　第三に、子は、家長が生きている限り、財産無能力である。したがって、「彼らが、要式的な法律行為を通じてであれ、無方式の法律行為を通じてであれ、あるいは、事実的なプロセスを通じてであれ、取得したものはすべて、必然的に、家長に帰属する」（alles, was sie durch förmliche und formlose Rechtsgeschäfte oder durch tatsächliche Vorgänge erwerben, notwendig dem paterfamilias zufällt）。このことも、強い垂直的身分関係を示している。

　本稿では、これら3つの垂直関係のうち、1と2を取り扱う。というのも、3の垂直関係は、純粋な家族関係ではなく、権利能力および行為能力と関わっているからである。1と2の垂直的身分関係、すなわち、親は子を終生にわたって支配し、かつ、その生殺与奪を握っているという関係が、近世自然法論を通じて、どのように水平化されたのか。このことを、フーゴー・グロチウス（Hugo Grotius, 1583-1645年）、ザミュエル・フォン・プーフェンドルフ（Samuel von Pufendorf, 1632-1694年）、クリスティアン・トマジウス（Christian Thomasius, 1655-1728年）、クリスティアン・ヴォルフ（Christian Wolff, 1679-1754年）について、見ていくことにする[5]。

2 グロチウス

(1) 人物紹介

　1583年、オランダのデルフトに生まれる[6]。14歳で大学を卒業し、フランス外交使節団に随行したほどの神童であった。弁護士から政治家へと転身したのち、1618年に政争で失脚する。幽閉生活に入ったものの、1621年に妻の助けを借りて脱獄し、パリへ亡命した。そこで書き上げた『戦争と平和の法』（*De iure belli ac pacis*, 1625年）により、国際法の父としての名声を確立する。1635年、スウェーデンのパリ大使に任命され、辞職後、1645年にロストックで客死した。

(2) 親権に関するグロチウスの見解

　グロチウスの親権論は、『戦争と平和の法』第2巻第5章第1節において、簡潔にまとめられている。

GROTIUS, *De iure belli ac pacis*, lib. 2. cap. 5. §. 1.

Non in res tantum, sed et in personas ius quoddam acquiritur, et originarie quidem ex generatione, consensu, delicto. Generatione parentibus ius acquiritur in liberos: utrique inquam parentum, patri, ac matri: sed si contendant inter se imperia, praefertur patris imperium ob sexus praestantiam.	物に対してのみならず、人に対しても何らかの権利が取得される。そして、原始的に権利が取得されるのは、なるほど、出産によってか、合意によってか、不法行為によってである。出産によって、両親には、子供に対する権利が取得される。私は、両親のどちらにも、すなわち父親にも母親にも取得されると言いたい。しかし、［父親と母親の］支配

> がお互いに競合する場合は、父親の
> 支配が、性の優越を理由に優先され
> る。

　ここでは、親と子のあいだの「支配」（imperium）が問題になっている。グロチウスは、物に対する支配と人に対する支配とを区別しており、前者は「所有権」（dominium）を意味する。この二分法から、親と子の関係は、所有者と物の関係に類することが分かる。したがって、親子関係の水平化は、まだ行われていない。また、子に対する支配は、子の同意なくして、ただ出産によって生じる。子は、産み落とされた時点で、この支配から逃れる術を持たない。

　だとすれば、グロチウスの啓蒙的側面は、どこにあるのか。それは、親子関係ではなく、夫婦関係が水平化されていることにある。子に対する親の権利、すなわち、子に対する親の支配は、夫の専権ではなく、妻にも帰属する。但し、この水平化は、不十分なものに留まる。なぜなら、夫と妻の支配が競合したとき、すなわち、夫と妻とのあいだで、子に対する意見が食い違ったときは、夫の支配が勝るからである。グロチウスは、この自説を、男性性の優越に基礎づけている。

　したがって、グロチウスは、夫婦関係の若干の水平化をおこなったものの、依然として嚆矢であり、端緒に過ぎない。この端緒がどのように発展していくのか、それを確認することが、次節からの課題になる。

3　プーフェンドルフ

（1）　人物紹介

　1632 年、ザクセン選帝侯領のケムニッツに生まれる[7]。1650 年にライプツィヒ大学で神学を学んだものの、これに満足せず、1656 年に数学者ヴァ

イゲルの影響を受けて、自然法論の研究へと向かった。スウェーデン＝デンマーク戦争中に書き上げた『普遍法学原理』(*Elementa iurisprudentiae universalis*, 1658 年) がプファルツ選帝侯カール・ルートヴィッヒの目にとまり、ハイデルベルク大学の万民法講座に招聘された。主著の『自然法と万民法』(*De iure naturae et gentium*, 1672 年) と、その要約である『人間と市民の義務』(*De officio hominis et civis*, 1673 年) を通じて、ヨーロッパ全土に影響力を及ぼした。1694 年、ベルリンにて死去した。

(2) 親権に関するプーフェンドルフの見解

Pufendorf, *De officio hominis et civis*, lib. 2. cap. 3. §. 2.

Oritur imperium parentum in liberos *duplici* potissimum de *causa: primo* quia ipsa lex naturalis, dum sociabilem esse hominem iussit, *parentibus curam liberorum* iniunxit; quae ut eo minus negligeretur, tenerrimum simul affectum in prolem natura iisdem implantavit. Isti curae exercendae requiritur potestas liberorum actiones dirigendi ad ipsorum salutem, quam ipsi propter iudicii defectum nondum intelligunt. Deinde id imperium *tacito quoque consensu prolis* nititur. Nam recte praesumitur, si infans eo, quo sublatus est, tempore usum ratio-

子供に対する両親の支配は、とりわけふたつの原因から生じる。第一に、自然法そのものが、人間は社会的であれと命じたとき、両親に子供たちの世話を課したからである。この世話ができるだけ怠られないように、子に対する極めて繊細な感情をもまた、自然は両親に植えつけたのである。この世話を実行するためには、子供たちが健やかであるように彼らの行動を規律する権限が必要となる。この健やかさを、子供たち自身は、判断力の欠如によってまったく理解しない。第二に、この支配は、子の黙示の合意によっても基礎づけられる。なぜなら、仮に幼児が

nis habuisset, ac perspexisset, vitam se citra parentum curam ac iunctum ipsi imperium servare non posse, lubenter illam in id consensuram, commodamque sibi educationem ab iisdem vicissim fuisse stipulaturam. *Actu* autem parentibus imperium in prolem constituitur, quando illam tollunt, nutriuntque et in commodum humanae societatis membrum pro virili formandam suscipiunt.

生まれ落ちた時点で理性を用いることができて、かつ、両親の世話とそれに付随する支配なしには生命を自分で守ることができないと気づいたならば、彼は喜んでこの支配に同意して、そして自分にとって有益な養育を自分の方から両親に約束として求めたであろうと、適切に推定されるからである。しかし、子に対する支配が現実に両親に認められるのは、彼らがこの子を認知して、養育して、そして人間社会にふさわしい構成員となるようにできる限り手引きすることを引き受けたときである。

　プーフェンドルフにおいても、親と子の関係は、一種の支配である。しかしながら、彼はグロチウスの単なる模倣者であったわけではない。プーフェンドルフは、親の権利ではなく、義務から出発している。子に対する親の支配は、親という身分から直接的に由来するものではない。それは、2つの源泉、すなわち、子に対する養育義務と、子の黙示の合意とによって基礎づけられる。
　では、誰が親権を取得するのか。プーフェンドルフは、次のように述べる。

PUFENDORF, *De officio hominis et civis*, lib. 2. cap. 3. §. 3.

Cum autem ad generationem sobolis *non mater minus, quam pater*

ところで、子の出産には、母親も父親と同じくらい参加しており、そし

concurrat, adeoque physice proles utrique sit communis, disquirendum: *utrius ius in prolem sit potius*. Super qua re distincte pronunciandum. Si enim *extra matrimonium* proles sit generata, illa primo matris erit, quia pater heic nisi indicio matris cognosci nequit. Inter eos quoque, qui *in libertate naturali et supra leges civiles* degunt, pacto conveniri potest, ut non patris, sed matris ius potius sit. Sed *in civitatibus*, utique per mares constitutis, cum regulariter contractus matrimonii a mare incipiat, et is caput familiae sit, potius erit ius patris: sic ut licet proles matri utique reverentiam, gratumque animum debeat, iussis tamen matris non obligetur, quae quidem non iniquis patris praeceptis repugnant. Defuncto tamen patre ius ipsius in prolem saltem nondum adultam, *matri* videtur *accrescere*; et hac ad secundas nuptias transeunte, *vitrico*, siquidem ipse in fidem et curam naturalis parentis succedat.

てそれゆえに、子は肉体的に両者に共通のものであるから、子に対するどちらの権利が優位かが検討されねばならない。この問題については、区別しながら判定せねばならない。というのも、もし婚姻外で子が生まれたならば、この子はまず母親のものになるであろう。なぜなら、父親はこの場合において、母親の証言がなければ、誰だか分からないからである。自然な自由の状態にあって、市民法に服さずに暮らしている人々のあいだでも、このように、父親ではなく母親の権利が優位であると意見を一致させることができる。しかし、市民社会においては、とりわけ男たちによって構成された市民社会においては、婚姻契約が通常は男性の側から始まり、そして男性が家族の長であるから、父親の権利が優位であろう。かくして、子は母親に尊敬および感謝の念をもちろん示さなければならないのだが、しかし、母親の指示が父親のまったく不公平でない命令と矛盾しているときは、それによって義務づけられない。もっとも、父親が死亡したときは、子に

Et qui desertum, aut orbatum parentibus liberaliter educandum suscipit, iure suo ab eo filialem observantiam exigere potest.

対する父親の権利は、子がまだ成人していないときに限って、母親に付け加わるとみられる。そして、この母親が次の婚姻に移ったときは、なるほどもし義父が、血の繋がった親のような信頼と世話を受け継いだならば、［前夫の権利は］この義父に付け加わるとみられる。また、ある人が、両親に捨てられた子あるいは先立たれた子を、自発的に育てるよう引き受けるならば、自己の権利にもとづいてこの子に、子としての恭順を求めることができる。

　この箇所において、プーフェンドルフは、「出産」（generatio）というグロチウス的なファクターを復活させている。父と母は、どちらも出産に関わっているので、双方に親権が認められる。
　けれども、父親と母親とのあいだには、優劣がある。自然状態における母親の優位は、父親を特定することの困難さに求められる。けれども、この優位は、市民社会へ移行することによって、消滅する。というのも、市民社会においては、婚姻契約および社会運営のイニシアチブを、男性が握っているからである。
　したがって、夫婦という身分の水平化は、プーフェンドルフにおいても、未だ不安定である。啓蒙的に求められている水平化は、あるときには母親が優位し、あるときには父親が優位するという、状況依存的なものではない。

4 トマジウス

(1) 人物紹介
　1655 年、ライプツィヒに生まれる[8]。父は、ライプニッツの指導教授を務めた哲学者ヤーコプ・トマジウスであった。当時盛んになっていたローマ法の現代的慣用を学び、1679 年に両法博士となる。弁護士経験を経たのち、ライプツィヒ大学で教職を得たが、1688 年に出版した『神法学提要』（*Institutiones iurisprudentiae divinae*）が神学部から問題視された。さらに、ドレスデンの宮廷とも折り合いが悪くなり、1690 年にプロイセンへ亡命した。そこでハレ大学の設立を命じられ、1710 年に総長となった。魔女裁判、拷問などに反対したことから、ドイツ啓蒙主義の父と呼ばれる。1728 年、ハレにて死去した。

(2) 親権に関するトマジウスの見解
　トマジウスの出発点は、次のような自然法上の掟である。

THOMASIUS, *Institutiones iurisprudentiae divinae*, lib. 3. cap. 4. §. 28.

Nam finis societatis paternae communiter ponitur in *educatione sobolis*, cui, etsi addere velis *imperium parentum*, mox tamen collatio utriusque finis ostendet, *educationem sobolis* esse finem *primarium*, imperium parentum, et quod illi correspondet, *obsequium liberorum*, finem *secundarium*.	なぜなら、親子関係の目的は、普通、子の養育に置かれており、この目的に、たとえきみが両親による支配を付け加えようとしても、しかし両方の目的を比較してみれば、すぐに次のことが明らかになるはずだからである。子の養育は、主要な目的であり、両親による支配およびそれに対応する子の服従は、副次的な目

第1章　近世自然法論における家族身分の平等化　33

的である、と。

> THOMASIUS, *Institutiones iurisprudentiae divinae*, lib. 3. cap. 4. §. 31.

| Ergo primum praeceptum in hac societate dirigit officium parentum erga liberos: PARENTES LIBEROS SUOS EDUCENT. | したがって、この社会関係における第一の掟は、子供に対する両親の責務を規律している。両親は、自分の子供たちを養育せよ。 |

　「親子関係」（societas paterna）は、子の養育を主たる目的としている。親に対する子の服従は、この目的から導き出されたところの、副次的な目的である。それゆえに、親子関係における最初の掟は、子の責務ではなく、親の責務を定めている。すなわち、「両親は、自分の子供たちを養育せよ」（parentes liberos suos educent）となる。
　ところで、この「養育」（educare）というラテン語は、トマジウスのもとにおいては、2つの内容を含んでいる。

> THOMASIUS, *Institutiones iurisprudentiae divinae*, lib. 3. cap. 4. §. 32.

| *Educatio* hoc loco nihil est aliud, quam sobolis a prima infantia ad maturitatem tum corporis tum animi conveniens perductio. | 養育とは、ここでは他でもない、子を赤ん坊のときから心身ともに成熟するまで適切に育てることである。 |

> THOMASIUS, *Institutiones iurisprudentiae divinae*, lib. 3. cap. 4. §. 33.

| Continet igitur sub se *duas partes, alimentationem*, quae ad *corpus* infantis pertinet, et *doctrinam*, quae *animum* eius respicit. | したがって、養育は、そのうちにふたつの部分を持っている。ひとつは扶養であり、これは幼児の身体に関するものである。もうひとつは教育 |

であり、これは幼児の心に鑑みている。

養育には、子の身体的成長を促す「扶養」(alimentatio) と、その精神的成長を促す「教育」(doctrina) がある。それゆえに、両親の義務内容も、扶養義務と教育義務とに分かれる。ここから、プーフェンドルフとの最初の相違点が生じる。というのも、扶養義務と教育義務は、それぞれ異なる法的性格を有するからである。

THOMASIUS, *Institutiones iurisprudentiae divinae*, lib. 3. cap. 4. §. 43.

Quod ergo *alimentorum* suppeditationem attinet, non opus erat, ut in liberis obligatio peculiaris corresponderet, cum iam instinctus naturalis eos, qua animalia sunt, ad eadem recipienda impellat, et quae hoc passu ipsius incumbit obligatio, ex regulis communibus officia hominis intuitu sui ipsius dirigentibus dependeat.	したがって、扶養を支給することに関して言えば、［それと］対応する特別な義務が子供たちにあることを要さなかった。なぜなら、既に自然な本能が、子供たちを、彼らが動物である限り、扶養の受け取りへと駆り立てており、そして、扶養そのものの過程にどのような義務が横たわっているかは、自分自身に関する人間の責務を定める共通の規則に依存するからである。

THOMASIUS, *Institutiones iurisprudentiae divinae*, lib. 3. cap. 4. §. 44.

Alia ratio est *doctrinae*, quae quoniam in hominibus adultis vix, in infantibus vero ne vix quidem sine disciplina et iure coercendi concipi	教育の根拠は別である。この教育というものは、大人においては規律と懲戒権なしでも辛うじて考えうるが、しかし幼児においてはそれらな

第 1 章　近世自然法論における家族身分の平等化　35

potest, sequitur, ut parentibus ius competat cum *coercitione dirigendi actiones liberorum*.	しでは決して考えられないので、次のことが帰結する。両親には、子供たちの行動を懲戒によって規律する権利が認められる、と。

　子は、扶養義務に対して、特別な義務を負わない。ただ、人間が一般的に示さなければならないところの、共通の義務だけを負う。なぜなら、子は動物であるがゆえに、扶養を必要としており、親に対する服従がなくとも、これを受け取るからである。そして、この「受け取る」（recipere）という表現から分かるように、子は、教育に対して、特別な義務を負う。なぜなら、みずから進んで教育を受け取ることは、ないからである。むしろ、親が、教育を強制せねばならず、この強制手段こそが、「子供たちの行動を懲戒によって規律する権利」（ius cum coercitione dirigendi actiones liberorum）である。つまり、トマジウスは、懲戒権を、義務履行のための手段と位置づけている。親の支配は教育義務に根拠を持つので、この義務が消滅することにより、支配もまた消滅する[9]。

　さて、トマジウスのこのような推論によれば、父親が支配において優越することも、母親が支配において優越することも、承認されない。なぜなら、性別は、養育義務の履行に関して、いかなる重みづけもおこなうことができないからである。この点、プーフェンドルフは、養育義務それ自体ではなく、婚姻契約および社会構造に着目した。トマジウスは、この論証を認めない。彼によれば、父親が母親に優越することは、もはや合理的には正当化されえず、ただ、宗教によってのみ肯定される。その宗教とは、ここでは当然にキリスト教であり、その根拠は、聖書である。

THOMASIUS, *Institutiones iurisprudentiae divinae*, lib. 3. cap. 4. §. 66.

Ex dictis iam facile definiri possunt	述べられたことから、今や容易に、

controversiae speciales. 1. *Cui ex parentibus principaliter competat potestas in liberos, matri an patri?* Respondemus enim, ex mera ratione naturali competere *utrique*, quoniam ad fundamentum huius potestatis concurrunt uterque, nisi ipsi parentes in societate nuptiali convenerint aliter.

個別的な論点を片付けることができる。一、両親のうちどちらに、子供に対する権限がもっぱら認められるのか。母親か、父親か。というのも、私たちは、次のように答えたい。自然な推論のみから言えば、子供に対する権限は、両者に認められる。なぜなら、この権限の基礎には、双方が参加しているからである。但し、両親自身が、婚姻関係に際して、別様に合意したときは、この限りでない。

THOMASIUS, *Institutiones iurisprudentiae divinae*, lib. 3. cap. 4. §. 67.

At si *legem divinam positivam* spectes, potiores haud dubie erunt partes *patris* quam matris, cum iste et matris actiones ad utilitatem familiae dirigere valeat.

しかし、もしきみが実定的な神の法に着目するならば、疑いなく、母親の持ち分よりも父親の持ち分が勝るであろう。なぜなら、父親は、母親の行為をも、家族に有益なように規律することができるからである。

　この理由づけは、一見すると、プーフェンドルフから後退しているように思われるかもしれない。しかし、父母差別は合理的であると述べるほうが、宗教的であると述べるよりも差別的である、とは言えないであろうか。というのも、プーフェンドルフの学説は、それが合理性に論拠を置く以上、世界的な法である。これに対して、トマジウスの学説は、キリスト教圏のみを対象とし、父母平等の国家の余地を残す。

したがって、合理的に推論可能な範囲における夫婦関係の水平化、すなわち、自然法上の水平化は、少なくとも親権については、トマジウスにおいて完成したと言える。

（3）　国際法から国内法へ

　ところで、これまでの論述から、次のような疑問が思い浮かぶ。グロチウスを嚆矢とする近世自然法論は、国際法の文脈で扱われており[10]、それゆえに、国内法とは無関係なのではないか、と。この疑問に正面から取り組んだのが、トマジウスであった。というのも、彼は、自然法の議論を、国内法へと応用したからである。そのさいに重要な概念が、「万民法」（ius gentium）であった。それは、「諸民族に共通の習俗」（mores communes gentium）を意味する[11]。

THOMASIUS, *De arrhis emtionum*, §. 11.	
In hoc igitur iure gentium cognoscendo non opus est, singularum gentium historias, et rituum descriptiones inspicere ad minutias usque. Nam quae communem usum apud gentes habent, communiter etiam ex communi causa ortum ducunt, quae etiam saepius ratiocinatione vel indagari vel certe multum adiuvari potest. Est enim in multis actionum generibus non infirma connexio, ita ut uno cognito multa sequantur, partim ex reg-	したがって、この［万民］法を認識するにあたっては、個々の民族の歴史や儀礼の記述を、細部まで検証する必要がない。なぜなら、諸民族のもとで共通に用いられている事柄は、普通、原因も共通のものに由来しているからであり、この原因はとてもしばしば、推論によって発見されうるか、あるいは少なくとも多くの点で補強されうるからである。というのも、行為の多くの種類には、少なからぬ結びつきがあり、このため、ひとつの事柄を認識することに

ulis aequi, partim ex regulis decori, partim ex communi intentione hominum talia negotia celebrantium, quae postea dicuntur non male ex negotii natura, aut ex regulis aequitatis, aut ex re ipsa profluere. Ita v.g. semel introducta dominiorum distinctione, opus fuit contractibus et commerciis, ita bella nexu spontaneo secutae sunt servitutes, has manumissiones, etc. Ita ex natura emtionis fluit, ut praestetur evictio etc.	よって、多くの事柄が、ひとつには公平の規則から、ひとつには礼節の規則から、ひとつにはそのような取引に関わる人間たちの共通の意図から、導き出されるからである。これらの事柄は、さらに、取引の常素から、衡平の規則から、あるいは事物それ自体から生じると言っても、不適切ではない。かくして、例えば、契約や通商を行うためには、いったん所有の区別が導入されねばならなかったのであり、同様に、戦争に引き続いて即座に、奴隷制とその解放手段が生じたのである云々。同様に、売買の常素からして、追奪担保が提供される云々。

　諸民族に共通の習俗は、立法事業にあたって、次のような効果を持つ。すなわち、あるルールが諸民族に共通の習俗であるとき、そのルールは、原則的に合理的であるとみられる[12]。なぜなら、多くの民族が採用している事柄は、何らかの合理性によってそうなっているものと、推定されるからである。
　この前提を踏まえながら、「『法学提要』第1巻第9章の実務慣用について」（*De usu practico tituli Institutionum de patria potestate*, 1712 年）を読むことによって、トマジウスの親権論は、その全体像を露にする。

THOMASIUS, *De usu practico tituli Institutionum de patria potestate*, cap. 2. §. 13.

Porro cum de potestate, quae iuris	さらに、万民法上の［両親の］権限

| Gentium est, participet etiam mater, et Germani hic magis mores Gentium secuti fuerint, quam mores Romanos, etiam illud requisitum iuris Romani, quod potestas patria patri sit propria, apud Germanos non est in usu. […] | を、母親も分有しており、ゲルマン人たちはここでも、ローマ人たちの習俗ではなく万民の習俗に従ってきたので、家長権は父親に固有であるというあのローマ法の要請も、ゲルマン人たちのもとでは使われていない。［…］ |

　このように、夫婦間における身分の水平化は、自然法上の命題であるのみならず、諸民族に共通の習俗でもあり、それゆえに、ゲルマン人たちの習俗でもある。近世自然法論者たちの議論は、決して、国際法の領域に留まるものではない。自然状態において承認された平等は、プロイセン国内にも適用されうる。

5　ヴォルフ

（1）　人物紹介
　1679 年、シュレージエンのブレスラウに生まれる。1702 年、ライプツィヒ大学において教授資格論文を提出し、以後、同大学で哲学、神学、数学の講座を担当した[13]。ライプニッツとは親友であり、彼の推薦によって、1706 年にハレ大学の数学教授に就任した。1720 年には同大学の総長を務めた。1721 年、儒教を賞賛する演説をおこない、これがプロイセン王の怒りを買って国外追放処分を受けた。1740 年、ハレに帰還し、1754 年、同地にて死去した。

（2）　親権に関するヴォルフの見解
　ヴォルフは、思想的に、トマジウスと反りが合わなかったと言われる[14]。

しかし、親権の性質については、彼と意見を一致させている。すなわち、親権は、養育義務によって基礎づけられる。そしてそれゆえに、父にも母にも与えられる。他方で、子は、親に従順である義務を負う。この義務を履行させるために、両親には、懲戒権が与えられる。

WOLFF, *Institutiones iuris naturae et gentium*, par. 3. sect. 1. cap. 4. §. 887.

Similiter cum parentes liberos aptos efficere debeant, ut actiones suas iuxta legem naturae determinare valeant (§. 855.); *quamdiu liberi per se officiis satisfacere nequeunt, parentes actiones ipsorum determinare debent*, consequenter iisdem competit ius in actiones liberorum.	同様に、両親は、子供たちが自分の行為を自然法にもとづいて決定できるように、順応させなければならないので（第855節）、子供たちが自分で責務を果たすことができないあいだは、両親が彼らの行為を決定すべきであり、その帰結として、両親には、子供たちの行為に対する権利が認められる。

WOLFF, *Institutiones iuris naturae et gentium*, par. 3. sect. 1. cap. 4. §. 888.

Ius parentum in liberos imperium quoddam est (§. 833. 887), cumque ex obligatione educandi liberos oriatur (§. 855.), *tam matri, quam patri commune* (§. cit.). Dicitur vulgo *potestas patria*, et per errorem longe ultra limites suos extenditur.	子供に対する両親の権利は、一種の支配であり（第833節、第887節）、そしてこれは子供を養育する義務から生じているので（第855節）、母親にも父親にも共通である（前掲節）。これは俗に、家長権と呼ばれ、誤って長いあいだ、その限界を超えて濫用されてきた。

> WOLFF, *Institutiones iuris naturae et gentium*, par. 3. sect. 1. cap. 4. §. 889.

Liberi igitur *parentibus subiecti sunt, et iis obedire obligantur*（§. 835.）; cumque imperium, parentibus competens（§. 888.）, involvat ius obligandi（§. 833.）, *parentes ius liberos ad obedientiam obligandi ac per consequens ius puniendi inobedientes habent*（§. 35.）; quae poenae a parentibus inflictae liberis *castigationes paternae* appellantur: cum eaedem emendatrices esse debeant（§. 93.）, et intra officiorum liberis debitorum terminos coercendae sint. *Legi* autem *naturae adversa praecipientibus liberi obedire non tenentur*.（§. 38.）	したがって、子供たちは両親に従属しており、そして両親に恭順する義務を負う（第835節）。また、両親に認められた支配は（第888節）、義務づける権利を含んでいるので（第833節）、両親は、子供たちを恭順へと義務づける権利を、またその帰結として、恭順しない子供たちを罰する権利を有している（第35節）。両親によって子供たちに向けられるこれらの罰は、両親による躾と名づけられる。なぜなら、これらの罰は、矯正的なものでなければならず（第93節）、かつ、子供たちが義務づけられているところの責務の範囲内で実行されねばならないからである。もっとも、子供たちは、自然法に反する指図に従う義務を負わない（第38節）。

　このように、親権に関する権利義務の構造は、少なくともプロイセンにおいては、トマジウスからヴォルフの系譜において、ある程度の完成を見た。もしヴォルフが、トマジウスの議論に新しい知見を付け加えたとするならば、それは、親権の性質についてではなく、夫婦間の優劣についてであろう。なぜ現実の社会においては、夫が専権的に、家庭を仕切っているのか。ヴォルフによれば、それは、女性の側が、所属する共同体の習俗に従って、

自己の権利を夫に譲渡しているからである。

> WOLFF, *Institutiones iuris naturae et gentium*, par. 3. sect. 1. cap. 2. §. 870.
>
> Quoniam ex pacto, quo matrimonium contrahitur, eadem nascuntur iura et obligationes coniugum (§. 856. et sqq.); *matrimonium societas aequalis est* (§. 839.), *et quae in ea fieri debent, communi consensu determinanda,* consequenter *imperium coniugale,* quod ex societate coniugali nascitur (§. 838.), *mutuum coniugum in se invicem est*: quatenus tamen uxor ius suum remittere potest (§. 342.), *maritus idem pacto acquirere potest vel expresso, vel tacito,* quatenus tacite in mores consentitur, tuncque *uxor subiecta marito.* (§. 835.).
>
> 婚姻を結ぶ約束から、夫婦に同一な権利と義務が生じるので（第856節以下）、婚姻は平等な社会関係であり（第839節）、そして、この社会関係においてなにが行われるべきかは、両者の合意によって決定されねばならず、その帰結として、夫婦間の社会関係から発生する配偶者の支配は（第838節）、夫婦相互間の支配である。しかしながら、妻は自己の権利を放棄することができるので（第342節）、夫はこの［放棄された］権利を、明示の約束によって、あるいは、黙示的に習俗に合意しているときは黙示の約束によって、取得することができる。そしてこのとき、妻は夫に服する（第835節）。

　夫婦間の不平等は、今やヴォルフにおいて、規範の問題ではなく、事実の問題へと解消された。親権の行使を夫が主導しているのは、自然法や宗教がそれを命じているからではなく、社会習俗として、妻が権利行使を断念しているからである。

おわりに

　以上で、近世自然法論における親権の発展史を、とりわけ、グロチウス、プーフェンドルフ、トマジウスおよびヴォルフについて、概観することができた。彼らは、ローマ法の家長権を、啓蒙的に解体した。この解体を通じて、夫と妻の身分関係が、また、両親と子の身分関係が、徐々に水平化された。近世自然法論者たちは、家長の専断的な支配を否定した。そして、その理由づけは、グロチウスからヴォルフに至るまでの一世紀間で、徐々にラディカルなものへと変容した。

　第一の革新的な点は、親権の根拠を、養育義務に求めたことである。グロチウスにおいては、まだこの傾向はみられない。真に大きな一歩を踏み出したのは、プーフェンドルフであった。彼は、親子間の身分関係を、権利義務関係へと組み換えた。親の支配とは、子に対する親の義務の履行、すなわち養育義務の履行の一環である。自然法上の掟は、子を支配せよ、ではなく、子を育てよ、である。子を育てるのに必要な処置として、親権が、とりわけ懲戒権が認められる。トマジウスとヴォルフは、このことを明確にした。懲戒権の範囲は、養育義務の範囲によって限界づけられる。

　第二の革新的な点は、性差の取り扱いである。グロチウスは、夫婦の共同親権を認めつつ、男女の自然な性差を理由として、夫の権限を優位させた。プーフェンドルフは、婚姻契約と市民社会の構造から、この優位を基礎づけ直した。前者は自然に着目した論拠であり、後者は社会に着目した論拠であるが、男性の優位を合理的に説明しようとする点で、同じ方向を示している。これに対して、トマジウスは、このような合理的理由づけを放棄し、男性優位の根拠を宗教に求めた。家庭における夫の支配は、神の啓示にもとづいており、合理的＝自然法的な説明は存在しない。彼の自然法論すなわち理性法論は、親権の問題について、あくまでも男女平等を貫徹した。最終的に

ヴォルフは、夫婦間の権限の差異を、宗教によって根拠づけることすら放棄した。夫が妻よりも多くの権限を持っていること、このことは、共同体の習俗がそうなっており、妻が自発的に権限を委譲したという以外には、正当化されえないのである。

かくして、家庭内部における法的な身分の水平化は、18世紀中葉に早くも完成しており、あとは、事実の水平化を待つばかりとなった。この後者の水平化は、法律家の職分を超えている。なぜなら、それはひとつの運動であり、社会変革だからである。本稿は、その社会変革の前夜、すなわち思想的成熟の段階で、筆を置くことにしたい。

以上

〈注〉

1　Christian THOMASIUS, *Institutiones jurisprudentiae divinae*, 7. Aufl., Aalen : Scientia Verlag, 1963, lib. 1. cap. 1. §. 86., S. 18.

2　田中芙季「友達親子に見る家族の変化」『立正大学社会学論叢』第12号、2013年、53-60頁。

3　この誤解が解消されたのは、比較的最近の研究成果である。「ius vitae necisque についても、それが、これまで、ほとんど疑われることなしに patria-potestas の絶対的側面を示すものであると説かれてきた。しかしながら、ius vitae necisque を実行した例として引用されている諸史料を実際に検討してみると、少なくとも十二表法時代においては、ius vitae necisque の存在を示す根拠とはなり得ないと考えられる」佐藤篤士「古代 ius civile（市民法）における patria-potestas（家長権）」『早稲田法学会誌』第11巻、1961年、92-93頁。

4　Max KASER = Rolf KNÜTEL, *Römisches Privatrecht : ein Studienbuch*, 20., überarbeitete und erw. Aufl., München : C.H. Beck, S. 353.

5　これら4人の自然法論者を選んだのは、筆者の恣意ではなく、Hans THIEME の選択にもとづいている。Hans THIEME, Humanismus und Naturrecht in Berlin-Brandenburg als Aufgabe der Geschichtsforschung, In: Otto BÜSCH=Hans THIEME （Hrsg.）: *Humanismus und Naturrecht in Berlin-Brandenburg-Preußen*,

　　　　Berlin : De Gruyter, 1979, SS. 6-10 を参照。
6　グロチウスの生涯と業績については、勝田有恒＝山内進〔編著〕『近世・近代ヨーロッパの法学者たち：グラーティアヌスからカール・シュミットまで』ミネルヴァ書房、2008 年、119-135 頁（山内進）を参照。
7　プーフェンドルフの生涯と業績については、前掲書・勝田＝山内〔編著〕180-196 頁（桜井徹）を参照。
8　トマジウスの生涯と業績については、前掲書・勝田＝山内〔編著〕197-210 頁（田中実）を参照。トマジウスの親子論に関しては、教育史の観点から先行研究がある。山内芳文「トマジウスの家族論における親子関係と教育」『西洋教育史研究』筑波大学外国教育史研究室、1991 年、23-34 頁。
9　Vgl. a. a. O. THOMASIUS, *Inst.*, lib. 3. cap. 46. §. 61-63., S. 377.
10　Samuel von PUFENDORF, *De jure naturae et gentium* (Gesammelte Werke Bd. 4.1), Berlin : Akademie Verlag, 1998, lib. 2. cap. 2. §. 4., S. 119.
11　Christian THOMASIUS (Präs.) = Johann Christoph ALBRECHT (Resp.), *De arrhis emtionum*, Hallae : Christoph Salfeld, 1702. §. 8., SS. 3-4.
12　Takashi IZUMO, *Die Gesetzgebungslehre im Bereich des Privatrechts bei Christian Thomasius*, Frankfurt am Main : Peter Lang Verlag, 2015, S. 64.
13　ヴォルフの生涯と業績については、前掲書・勝田＝山内〔編著〕211-219 頁（柳原正治）を参照。
14　エンゲルハルト・ヴァイグル〔著〕、三島憲一＝宮田敦子〔訳〕「ハレ―啓蒙主義の最初の大学―啓蒙の都市周遊 (3)―」『思想』第 844 号、岩波書店、1994 年 10 月、94 頁。

平等理念と身分：
政治と法の相克

木 原　　淳

はじめに

　近代市民法の理念は、すべての市民に、平等な権利能力を付与し、それを前提として、自由な意思と合意による社会秩序の形成を促すが、この理念は社会秩序の形成をすべて市民間の合意に委任する、全面的な任意法規の体系を意味するわけではない。任意法規の体系と同時に、個人の自由、財産の形を規律し、あるいは剥奪しうる権限を、国家に独占させる主権の理念と裏腹の関係にある強行法規の存在が自明の前提となっている。この強行法規の体系が、最小限の「平等」の基礎であり、その目的は旧体制の象徴としての「身分」や特権の否定にある。その意味で「身分」とは、平等を核とする市民法理念や主権的法秩序にとって克服の対象であり、もともときわめて相性の悪い概念といえる。

　とはいえ、市民法の基礎をつくったロックやルソーに代表される18世紀の啓蒙思想家たちにとって、投票権をもつ市民を性別や納税額で限定することは平等原則に反するものとは考えられず、その平等は事実上の特権的身分

の間での平等であった。これに対して20世紀以降の民主制の歴史は、特権としての家長身分を破壊し、大衆の政治参加と平等の徹底を求めるものであった。他方で、経済的自由主義を支えた近代市民法が、当初の形式主義的なものから、反形式的・実質的な性格を伴うことで、近代以前にあったような法の倫理化が同時に進行する過程でもあることは、ウェーバーの『経済と社会』でつとに指摘されているところである[1]。国家はこれまでのような、市民的自由の後見的保障者から、国民生活全体への経済的配慮や生存配慮までおこなう主体への転換を促される。今日、確立した産業や業界内の取引において、抽象的な人格モデルと契約自由原則に基づく私法上の自由は、事実上の建前と化し、個別の事情に応じた、具体的な規制が通例となっている。民法上、平等とされる契約当事者も、労働者、不動産の賃借人、消費貸借上の債務者、加害の過失証明を免除される賠償請求権者、一般消費者等々、局面に応じ、多様な保護が与えられる。昨今ではLGBTの特性に応じた法的配慮や制度も主張されるが、個々人の属性に応じた法的地位の付与は、ある種の身分設定とも考えられよう。

　上記のような市民革命期以降の推移は、身分と平等が表裏の関係性をもち、相互の概念規定なくしては自らを語りえない構造を示すものともいえる。市民法における「形式的」平等は強者の地位を保障する事実上の身分追認であり、その実態を是正するための「実質的平等」の確保とは、弱者の保護を目的とする特権的身分の設定であり、「逆差別」でもありうる。「身分」が平等と相関的な関係にある概念であるとすれば、身分を論じる意義は今日なお大きいといえよう。そもそも身分が、市民法原理との関係で相性の悪い側面をもつ一方、市民法はその確立期から、「制限能力者」「夫婦」「親子」のような一定の身分を承認してきた[2]。理性的判断能力を有する自律的主体、という啓蒙主義的個人像そのものが、人生における、一定の年代や心身の健康を享受できる者にしか期待しえないモデルであり、その条件を満たさない者への特殊な対応が必要であることは誰しも認めるところである。市民

的形式法ですら、立法を通じて一定の「身分」を設定するのは、実務的には不可避であった。いわゆる封建身分制であるとないとにかかわらず、一定の秩序をもつ社会において、「身分」から無縁でありえた社会や法体系などは存在しなかったともいえる。したがって、かつての封建身分制とは形を変えたものであるにせよ、現代法の法体系において身分とはどのような位置づけを与えられ、とりわけ平等の理念とどのような形で調和を図るのかは大きな問題である。

　この問題を考える上で本稿では最初に、カントにおける身分の扱いを取り上げる。カントの生きた啓蒙主義の時代、特に大革命以降、平等は思想上の理念としてだけでなく、実定法秩序内に組み込まれ、表現されるものとなった。他方でなお、家長を権利の主体とする旧政治社会（societas civilis）の思考も色濃く残っていた時代でもある。本稿本文で示すように、カントもまた、自らの啓蒙主義の主張と共存する形で、家長を市民社会における主要な権利主体であることを『法論』の中で明確に認めている。家長権という法概念の追認、さらに一定の「自立性」ある家長だけに投票権を限定する彼の理性法国家構想は、人格の「平等」と、法則に基づく「自由」を説く彼の実践哲学からは説明し難い混乱要素にも見える。このため理性法国家の実定法構想としての『法論』では、封建的残滓を引きずっていると言われてきた[3]。そのような「残滓」が入り込む道筋を与えているのが、カントのいうSelbständigkeit（自立性ないし独立性）、あるいは自権者（sui iuris）たること、という要件である。村上淳一の一連の著作からも広く知られているように[4]、これは、自権者たる家父長を単位とする旧政治社会のイメージを引きずるものとされるが、身分と平等との相関的関係を考えれば、これを過去の残滓として単純に切り捨てることが可能なのか、あるいは形を変えつつ、これに類似する現象は現代でも起こりうるのではないか。本稿では上記問題に対する解釈を施した上で、現代における「身分」と「平等」の関係について考えることにしたい。

1　カント『法論』における身分と自立性

（1）　物権的対人権

　カントの『法論』は、自由の理念を導きとして、法の理念とそれに基づく実定法体系の構想の試みといえる。その序論部分において批判的方法とのつながりは常に意識されてきたが、本論部分は、18世紀特有の啓蒙主義自然法を背景とした、ありふれたものともみなされてきた[5]。そうした評価の根拠となり、また悪評高い部分が、「物件的ありようをもつ対人的権利（auf dingliche Art persönliches Recht）」、いわゆる物権的対人権である[6]。これは外的対象としての人を物件として占有しつつ、人格に対する使用を可能とする権利であり、具体的には「夫による妻の取得」、「夫婦による子の取得」、「家族による奉公人の取得」に基づく3つの権利が導かれる。これらの権利は、市民が奴隷に対するように、人格的存在を物件化し、処分や譲渡を可能とすることを目的とするわけではない。たとえば婚姻の場合で言えば、「性を異にする二人格が、互いの性的特性を生涯にわたり、相互に占有し合うための結合」とあるように、その占有は「相互的」である。一方の人格が他方の人格により、あたかも物件のように取得され」、「他方もまた反対にもう一方が取得する」こと、つまり一夫一婦という形で、「人格の占有は相互に平等な関係」とされ、相互に占有されることによる義務を担う（RL, VI, 277）。したがって婚姻契約の場合、厳密には「妻または夫の取得」であり、「夫による妻の取得」だけにかかわるわけではない[7]。

　婚姻権にかかわる、この部分だけの記述を見るなら、物権的対人権とは、実践的命法に合致するものとして、そこから封建的な家社会の要素を払拭させた理解もありえよう。しかしカントは結果的に、当時の慣習や法が認めていた、夫の優位や支配を追認している。妻に対し「夫があなたの主人であるべきだ（夫は命令する側で妻は服従する側だ）」との実定法上の命令をカン

トはひとつの論点として取り上げている。その支配権の根拠が、「家共同体の利益を図る上で、夫の能力の妻の能力に対する自然的優越（die natürliche Überlegenheit）とそれに基づく命令権」によるもので、この命令権が「目的（婚姻共同体—筆者注）に関する両者の一体性と平等という義務から導かれる」のであれば、それは「人間の自然的平等には反しない」のである（RL, VI, 279）。夫と妻は自然的には平等であるが、①家共同体の利益を図る、という目的、②その目的のための、夫の能力の自然的優越、これらが存在すれば、当時の実定法で承認された夫の優位はカントにおいても認められるわけである。

　平等を基底としつつ、一方の他方への優越を承認する、独特の法・権利概念がこの対人的物権といえるが、こうした権利はカントの内在的論理から説明されうるものなのだろうか。カントによれば、物権的対人権は、人間性の「法則により（lege）」認められるという。婚姻に関して言えば、それは法的関係である以上、単なる事実から（facto）生じることはありえない。しかしそれは、婚姻同棲（eheliche Beiwohnung）という一身専属的な人格と肉体の相互占有という事実を通じてのみ履行されうるものであるから、観念的性格の強い、単なる「契約による（pacto）」ものと考えることもできない。婚姻は身体の相互使用という欲望に由来するとしても、男女がそれを欲するとき、必然的に婚姻せねばならず、それは純粋理性の法的諸法則によるという意味で、必然的な契約となる（RL, VI, 278）。このように、婚姻契約は自由な人格と身体の相互占有を契機として、理性法則の要請による必然的なものであるから、この限りでは夫婦間に身分上の優劣はない。夫の妻に対する優位の根拠とは、家共同体の利益、夫の能力の自然的優越というふたつの要件から導かれる。しかし夫の能力の「自然的優越」が具体的に何を意味するのかは明らかではない。

　この論理は、他の物権的対人権についてそのまま妥当するわけではない。両親の、子に対する物権的対人権と、「家共同体の利益」は直接には関係な

い。両親は、子という人格に対する占有を承認されるとともに、生まれた子を保護し扶養する義務を負うが、この義務は、子という一人の人格を、本人の同意なく、独断的にこの世に連れてきたことの帰結であり、この自然的事実に基づき、親は養育上の義務を負い、その限りで、子を自らのうちにとどめ、占有する権利を有する。その権利の帰結として、親は子の意思に反しても、その子を家に連れ戻すことが認められる。こうした権利と義務の根拠は、婚姻と同様、単なる事実でも契約でもなく、子を生むという事実を機縁として、理性の法則により導かれるものだが、それは子が一人前に成長し、家長権から解放されるまでの期間にとどめられる（RL, VI, 281）。したがって、養育上の義務と一体化した親の子に対する占有の権利は、妻に対する夫の支配権と同列に考えることはできない。子は庇護者たる両親の保護を必要とする存在であり、その限りで保護と一体化した「支配」が求められるのは、かつても今も変わらない。子に対する両親の権利は、子を世に連れ出したことによる義務に裏付けられているが、そこには、両親の「自然的能力の優越」という自明の前提がある。これに対し、夫婦間における「自然的能力の優越」は、必然的前提をもたない、偶然的なものにすぎない。

　夫の妻に対する「自然的優越」が仮に存在するとしても、それは経験的・偶然的なもので、権利根拠となるものではないが、その観念を支えたのは、女子を子どもと同様に、保護されるべきものとする通念である。その通念は、肉体労働の占める割合の高い社会・経済活動の中では、一定のリアリティをもつものであったろう。しかしそうした社会・経済的条件が失われるならば、その通念は根拠を失う。それにもかかわらず、もしカントのいうように、夫の優位が認めるべきだとすれば、その論拠は、家社会における「家長」としての地位以外には見出だせないであろう。とはいえ、女性の経済的自立性を想定しない、家社会そのものが、保護されるべき・自然的能力の劣る女性像という通念の反映であるとすれば、家長と家社会のシステムは、夫婦の優劣関係を規定する原因というよりも、やはり経験的な社会通念の所産

であり、結果であったとみることもできる。この意味で、カントが事実上追認した、夫の支配とは、自然的な親子関係の類推からは把握できないし、家共同体の利益ということからも説明できない。夫による支配の正当化根拠とは、物権的対人権の理念が示す以上の、特定社会における習俗や通念といわざるをえない[8]。

　ケルスティングの評価とは逆に、物権的対人権を純粋にアプリオリな法的概念として適用される可能性をもつ人間関係は、夫婦関係ではなく、奉公人と主人の関係であろう。この関係は親子や夫婦関係のような、自然的な能力の優越論拠を援用しようのない、本来独立した他者どうしの関係である。にもかかわらず、両者の間には、一方が他方の身体を取得し、占有することが認められる点で、通常の契約関係ともいえない。何故にそうしたタイプの対人権が認められるのか。市民間の平等な人格関係を承認しつつ、現代においても語りうる「身分」が生じる焦点はここにあると思われる。

（2）　家長権

　子どもは未成年の間、両親に服するが、成熟し、自らの生計を立てる一人の市民となることで自身の主人たる自権者として、親の支配権から解放される。成人した子がそのまま親の家に居住し、ともに家を維持する関係を形成することもできるが、その場合、子の側の服従義務は、もはや両親に服する義務ではなく、家長と奉公人の支配関係に基づく義務へと転換する。子や妻に対するのと同様、奉公人が家長の家から逃亡すれば、家長は一方的な選択意思により、自分の支配領域に連れ戻すことが認められる（VI, 283）。純粋に平等な人格者間関係を前提にして成立する家長社会の関係はこれだけといえる。しかしこの関係は自由な契約に基づくものでもあるから、一方が他方に対して人格的自立性を全面的に否認する形で譲渡することは想定されない。したがってその関係は生涯に渡るものではなく、一定の期間に限定され、契約関係の解消は可能でなければならないし、奉公人の使用が消耗とな

るような性質のものであってもならない（Ⅵ, 283）。他者の身体に対する占有が一定限度で認められるとしても、その占有は、他者による身体の再利用を可能とする程度に限定されねばならない。これは権利に伴う内在的制約といえる。このように、カントは家長権を承認しつつ、人格の平等とそれに基づく自由な契約関係を維持しようとするが、それならばなぜ物権的対人権といったカテゴリーを認める必要が生じるのかが問題となる。今日でも労働に関しては、財産法上の取引契約とは別の、労働法規により独自の統制がなされているように、労働契約においては、人格性と結合した、一身専属的な、身体の自由をいかに保護するかがつねに問題となる。この点で、物権的対人権は、家制度が現に機能していた時代に、全人格的な支配－服従関係を払拭し、合理化しようとするひとつの試みであり、今日の労働法とはアプローチは異なるものの、被用者の肉体と結びつく人格性の保護を図ろうとする点で、問題意識は共通のものと評価できよう。

　現代でも労働現場での超過労働等の問題が示すように、労働契約における支配－服従の関係は、——全人格的なものではないにせよ——過去のものと言うことはできない。わが日本の場合、戦後の民法改正で「家」「家長」の制度は法的には消滅したから、法的には家長権を語る意味はないものの、組織化の程度を問わず、雇用契約においては、家長－奉公人に類似したモデルや社会意識が完全に消滅したとは言い難いものがある。こうした支配—服従の性格が濃厚に存在するとき、関係者はゲマインシャフトリッヒな人格関係を形成することで、合理的・組織的な雇用関係よりも、「より人間らしい」関係を継続的につくり出している場合もあるかもしれない。しかし近代の市民法において、情誼の関係に基づく義務は法的には存在しないから、雇用者が「家長」としての責任や義務を道義的に自覚せず、もっぱら資本家として、自己の利益拡大を最大関心事とするとき、雇用環境は悲惨な、いわゆる人間性の疎外されたものとなる。「前近代的」な家長の支配権は、そうした弱肉強食的な関係を道徳的に抑止し、社会関係を安定させてきたという側面

があるわけだが、カントのいう物権的対人権とは、産業革命以前の時代において、ゲマインシャフトリッヒで、情誼や報恩といった非法的な要素で維持されてきた社会関係を、人格間の平等に基礎づけられた市民社会における法的関係と調和させるアプローチであると解釈できよう。契約のすべてが、対等な交渉力と理性的判断力を有する者の間で締結されるものではない以上、雇用・労働のような特定の契約形態については何らかの形で強者の恣意を抑制するルールは不可欠である。「奉公人の使用が消耗となるような性質のものであってもならない」との要件はこの問題意識から発するものであろう。実定法秩序としての市民法は物権的対人権の概念を採用しなかったが、こうした抑制装置としての規範は、資本主義と自由放任の弊害が明らかになるにつれ、社会法の形で登場する。

重要な点は、一方の優位性を前提とし、その恣意を抑制する法規範とは、社会的事実として存在する「身分」を前提とした、ある種の身分法としての性格を伴うものにならざるをえないということである。夫婦関係において、カントは男女の自然的能力の優劣を無造作に追認し、そこから夫の妻への支配を権利として根拠づけたが、既述のように、それは自然的・偶然的な事実に依拠する。しかし自然的能力の優劣ないし差異は、女子の産休のように具体的な契約関係を統制する上で、ある場合には意味をもつこともある。同様に、経済的社会的関係は、ある場合には考慮すべき事実である。しかしそれ自体としては普遍的な規範性をもつものではない。

(3) 投票権と公民的自立性

自然的能力の優劣、経済的・社会的権力の有無等の社会的事実を考慮することは具体的な法を実現する上で不可欠ではあるが、これを理由にした規範形成は、もはや普遍的な、超越論哲学に基づくものとはいえない。こうした社会的事実を考慮に入れるには、超越論哲学とは異なる次元の論理が別に用意されなければならない。カントは抽象的に導かれる唯一の生得的権利を自

由としたが、そこに包含される概念として、他者に拘束されない平等、そして自権者たること（sui iuris）を挙げた。これはもともとは万人に承認される生得的なものである。しかし他方で、カントは奉公人や妻にも生得的権利としての自由や平等、自立性を認めつつ、家長への服従を要求する。この矛盾するかに見える論理を可能としている概念がもうひとつの自立性、すなわち「公民的自立性（bürgerliche Selbständigkeit）」の概念である。この概念はカント独自の立法概念と関係づけられているが、ここには経験的な基準が隠されていることも指摘される[9]。カントにおいて立法とは普遍的に結合した市民の意志だが、その形成に参加が認められるのが国家公民（Staatsbürger）である。彼らに対しては法律的自由、公民的平等に加え、「自らの生存と保持を他のいかなる国民の恣意にも服すことのない」公民的独立性が認められる。これらは立法に参加しうる特権的市民に実定法上、具体的に認められる属性だが、万人に承認される生得的な自由、平等、自権者性に別次元で対応したものである。逆にこうした政治的特権をもたない市民をカントは「受動的な」国家公民とも言い換える（VI, 166）。

　夫が妻を、また主人が奉公人を支配することを正当化する実質的な根拠とは、まさに彼が「自権者である」というだけにとどまらず、彼が社会的・経済的に自立した国家公民として、そうでない人々（妻、子、奉公人）庇護すべき義務を有する点にある。そうした「庇護と保護」の範囲は、近代以前の封建的関係と比較すれば、市民革命後ははるかに細分化・小規模化されるが、社会保障の義務もなく、生権力の主体でもありえなかった19世紀以前の国家において、家長による庇護と保護は、家という共同社会の構成単位を支える道徳的インフラでもある。まさにそうした理由から、投票権をもつ家長たる能動的国家公民と、投票権を認められない受動的国家公民という、リベラルなカントという今日的なイメージからは理解しがたい、悪名高い区分が生じる。

　奉公人、妻・子は、（能動的）国家公民には含まれない。なぜなら能動的

国家公民とは「自己の生存とその維持について、他人に依存せず、公共体の成員としての、固有の権利と力で営むことのできる」能力をもつ者だからである。具体的にはこの要件を満たさない職業として、「商人や手工業者のもとで働く職人」、国家公務員を除外した「奉公人」、「未成年」、「すべての女性」、そして「自らの計算に基づかず、（国家による指示を除き）自分以外の人の指示に従うことで、自らの生存（扶養と保護）を維持せざるを得ない者」、「学校教師とは対照的な家庭教師」「小作農」等、これらすべては「公民的人格性を欠く」、「公共体の単なる下働き」であり、その生存は「いわば内属」にすぎないとされる（VI, 167f.）。職業は自由な選択の結果であるから、こうした職につく人々も、自らの計算で自分の生存を維持する自立性を獲得し、能動的国家公民の資格を得る可能性はあるから、その区分は固定的なものではない。とはいえ、暫定的であるにせよ、このような区分が、今日の複雑化した産業社会の中で維持できるものでないのは当然である。成年者すべてに、投票権資格を付与することは、今日、民主制を採用する国では常識となっているが、こうした現代の常識が成立するのは、産業化が進展し、大衆社会が成立した20世紀以降のことであり、伝統的には自然権思想を骨格とする人格の平等と、政治的特権である投票権とは理論上切り離して考えられてきた。この切り離しを可能とする論理が、「公共体の下働き」にすぎない者と、自らの力量で生存を図る（経済的）「自立性」を有する国家公民との区分であった。その区分の基準として年代、性別、職業が挙げられたわけである。

　区分基準のひとつである未成年者——その年齢設定は可変的だが——を、投票権を有する能動的国家公民資格から外すことに関しては今日も異論はないだろう。人は生まれながらにして成熟した理性的判断能力をもつわけではなく、そのために教育と社会経験が必要である。十分な理性的判断能力をもたない者に「自立性」が認められることはない。これに対し第二の区分基準である、性による資格付けの論拠について、カントの説明は不十分である。

女性に対する男性の能力の「自然的優越（die natürliche Überlegenheit）」という論拠は、理性的判断能力の優越を含むのかどうかは明らかではないが、仮に自然的な優劣が認められるとしても、それが直ちに自立性の欠如を意味するわけでもない。とすれば、女性の扱いについて明確な基準となるのは、——カント個人の女性観はともかく——奉公人等と同様、家長権に服するが故の、経済的自立性の欠如という点にしか求められないだろう。女性の自立的な生活基盤は18世紀においては例外的であった。そうした社会・経済環境の中で、女性は（ほぼつねに）経済的自立性をもたない存在として、国家公民資格を否認されたといえる。この点で、未成年者の除外理由と女性の除外理由は異なる。

　すべての女性の場合と同様に、男性でも、他人の指示下で自己の生存維持を図る職業人は、受動的な意味での、投票権をもたない国家公民とされる。しかし『法論』中で例示される具体的な職業基準は、当時の社会的・経済的状況の反映にすぎず、今日も通用するような理性的根拠があるとはいえない。その論理に従えば、私企業のサラリーマンは「労働者」として経済的自立性をもたないが、同じサラリーマンでも「国家公務員」には自立性は認められること、「学校教師」には自立性が認められるが、「家庭教師」にはないこと、「借地農」には自立性を認めるが、「小作農」には認められないとする等の基準は、現代の合理的な検討に耐えうるものではない。これらの区分は、当時の社会経済的構造の中で、通念的な説得力をもつものであったとしても、それは具体的な状況に依存した、経験的なものだから、超越論的論拠を伴った規範的な性格を主張できるものでない。そもそも「自分自身の主人であるという人間の資質」として説明される生得的権利としての自立性は、「経済的」自立性に変換させられてしまっている。自権者であり、自立性をもつということは、何らかの財産を意のままにできるという、経験的事実に基づくものとされている[10]。

　生得的権利として平等や自立性はアプリオリなものであるが、投票権の享

有資格はそれとは断絶させられた、経験的な意味での自立性と結合されたから、経験的属性に基づく国家公民資格の不平等を妨げるものとはならなかった。そこで問題となるのは、経済的自立性を認める基準の恣意性だが、もともとその基準はアプリオリなものではないから、各々の時代の、民主的な政治決定を通じ、設定していけばよい、ということになるし、カントも理論内在的にはその方向性を否認するものではあるまい。しかしそうした決定積み上げの結果として、「自立性」を区分基準とする投票権は、今日あらゆる職業人に開かれたばかりか、無職者でも認められる「人権」のひとつとなった。それが普通選挙制度の実現であり、20世紀における民主制の大衆化といえる。経済的な意味での自立性要件が否認されたこの帰結は、『法論』を著した当時のカントからすれば、想定外のものであったかもしれないが、生得的権利としての自由、平等、自立性を認めた理性法論の出発点からすれば、投票権者の具体的基準をこれに近づけようとする流れは、必然であったとも考えられる。そもそも事実問題として、「経済的自立性を持たない職業」の設定はきわめて困難である。そうであるが故に、制限選挙制の時代にあっても、投票権資格は納税額という数字上の区分で読み替えられざるをえず、「公民的自立性を認められる職業」なる基準は、基準として当初から体をなしていなかったともいえる。経済的身分としての「自立性」基準は、名実ともに空洞化せざるをえない。

　以上のように理解するなら、カントが投票権をもつ国家公民の属性として挙げた「自由」「平等」と並列的に記述された「自立性」は、いまや規範的な根拠を喪失したともいえそうである[11]。生得的権利としての自由や平等が、実定法上の権利としての自由や平等と限りなく合致させられていったように、誰もが有する生得的な自立性も、実定法上誰もが自立した・投票権主体として扱われるようになったといえる。そうなると今日の大衆民主制の時代にあっては、（経済的）自立性の有無を問うような身分について、法はもはやこれを語る動機をもたなくなったのだろうか。

2　法の理念としての平等と不平等

（1）　平等の条件

　「身分」は、民法や刑法等、実定法上も使用される用語であり、今日でも法実務や法解釈学においても一般に通用する概念である。それがある種の時代錯誤的なニュアンスを伴うように見えるのは、市民革命以降の「平等」理念が、身分制原理を克服対象としたことが大きな要因といえよう。ただ、克服対象とされるのは、同意や契約の原理に基づくことなく、生得的に人を義務付ける封建的身分であって、身分一般が否定の対象ではないことは、現行の諸法において身分の用語が存在することからも明らかである。身分による投票権制限を認めたカントも、封建身分制を前提とする、生得的身分を認めたわけではない[12]。そこで問題となるのは、前章で触れたように、生得的ではない、ある種の特権性を伴う資格を一部の者のみが享受するという事態がどこまで認められるかである。この論点はカント解釈論を超えるもので、市民革命当時存在した身分、また今日も存在するさまざまな身分上の「不平等」は、生得的な平等理念とどのように関係づけられ、正当化ないし批判されるべきかということにかかわってくる。実定法解釈の次元でいえば、現代の立憲主義国家は、国民相互の関係において、いかなる根拠に基づき、どこまで不平等ないし差別（区別）を容認し、禁止するのかということである。このことを、日本国憲法典にも記載されている「法の下の平等」を例に考えてみたい。

　日本国憲法14条は、「すべて国民は法の下に平等」であり、「人種、信条、性別、社会的身分又は門地」により、「政治的、経済的または社会的関係において差別されない」旨を定める。ここでは、フランス人権宣言の1条で規定されるような、「共同の利益」を要件とする、社会的差別を容認する文言が存在しない。これは日本国憲法が人権宣言以上に、平等主義を徹底し、法

的な身分を一切認めない趣旨なのか、それとも人権宣言1条の内容は、憲法解釈として自明のことと考えるべきなのか。

　大前提として、日本国憲法の重要理念のひとつが個人の自由である以上、それと両立しえないような、絶対的な結果の平等を憲法が求めると解釈することはできない。「等しいものを等しく、等しくないものは等しくなく取扱うべきだという相対的平等」の意味で平等を理解するべきことは通説も認める通りである[13]。しかし何を以て等しいとし、等しくないと判断するかについては一定の基準、つまり価値的な観点が不可欠である。男女の平等が問われる場合、男女は同一の存在か、異なる存在か、という問いは、問いとして成立しない。個々の状況に照らして、人間として等しい存在として扱うべきか、身体的条件において等しからざる存在として扱うべきかの判断が求められるが、その価値観点を提供するのが法の理念（とその解釈）であり、日本国憲法下において要請される平等とは、「（憲）法の下の」平等ということになる。「神の下の平等」は、世俗の地位や貧富の差を一切捨象するが、それは神的な価値が世俗の価値秩序を相対化し、世俗的価値を無化することで成立する平等化であり、信仰心、神への愛等の価値に基づく価値の序列が設けられるのは自明の前提である。同様に、市民法下での「法の下の平等」は、封建的あるいは資本主義的価値秩序を相対化し、無化する「法の理念」と解釈に基づく基準で、人々を新たに秩序づける。むろん法は解釈により内容が確定されるから、等しいかどうかの線引きや基準設定は解釈的営為であり、政治的でもありうる。かつての「女子の深夜労働禁止」をめぐる基準の変化は、そうした観点が流動的であり、政治的であることを示している[14]。選挙制度はそれをより明確に示す事例でもあろう。普通選挙制度は、国民すべてに一票の投票権を「平等に」保障し、外国国籍者を当然に排除するが、これが国民主権では「法の下の平等」に反するとされることはない。自国民と外国国籍者は当然に、異なる身分だからである。しかしその価値判断は、国民主権による民主制国家を設立しようとする政治的価値判断を前提としてい

る。平等はつねに一定の身分の排除を内包する政治的概念でもある[15]。

　平等の基準設定には最終的には政治的性格が伴う。しかしこの事実を全面に押し出すならば、結果的には平等理念は否認されてしまう。基準が流動的で不安定になれば、法的安定性と平等な取り扱いを損ねるからである。したがって平等が政治から無縁でありえないとしても、これを政治の恣意や流動性から分離した安定的かつ中立的なものにどう変えていくか、これが求められる課題である。19世紀に一応は確立した、法治行政と法律による裁判はこれを可能とする制度といえる。この意味で、日本国憲法制定当初、有力に説かれたように、法の下での平等とは、定立された法令を、行政や司法が中立的立場から適用するにとどまるという、いわゆる法適用平等説、そしてそれと一体の関係にある立法者非拘束説が説かれたのは、明治憲法下の法治行政理念からすれば十分に理解しうる[16]。日本国憲法制定当初に有力であったこの見解は、ワイマール憲法109条に規定された「法律の前の平等（Gleichheit vor dem Gesetz）」をめぐる論争の反映ともいわれるが、これは19世紀の法実証主義的思考を反映した最小限の内容としての平等理解といえるし、立法権の至高性を宣言するフランス人権宣言1条ともなじむものでもある。しかしこの理解はその後否定される。法の下の平等とは「法適用」の平等ではなく、「法内容」の平等も伴うものでなければならず、「法内容」の平等を実現するべく立法者は平等理念に拘束されるべきと考える、法内容平等説と立法者拘束説が一般的となる[17]。

　この対立は、法律の前の平等で満足する法実証主義的思考と、日本国憲法が立脚するとされる自然権としての平等を説く自然法的思考の対立と重ね合わせることもできそうだが、日本国憲法の解釈としては、そうした法哲学的な議論を援用する必要はない。法令の憲法典適合性を審査する最終決定権者は、日本国憲法下においては司法裁判所にある以上、自然法論を承認するかどうかにかかわりなく、立法者非拘束説を取ることができないのは論理的に当然であり、違憲審査制度をもたなかったワイマール憲法下での文脈に乗せ

た議論はそもそも成立しないからである。こうして、その後の憲法解釈学においては、立法者拘束説—法内容平等説が通説的地位を占めることになるが、それにもかかわらず、法「内容」平等説がきわめて素朴な想定に立っていると言わざるをえないのはその名称に表れている。つまりどのような「内容」が平等であるかは、立法や司法による実質的価値判断に依拠する他ないにもかかわらず、あたかも自然法論のように、これを客観的に確定できるかのような素朴な思考が垣間見えるのである。現行憲法解釈では否認された立法者非拘束説は、もともと違憲審査制度をもたない憲法構造を前提とする見解だが、それと同時に、無数に存在する平等の設定基準が、民主的過程の中で選択・決定されるという構造を正面から認め、踏まえたものであった。この事情は違憲審査制を前提とする日本国憲法においても、変わるわけではない。平等概念の最終的な有権解釈者は、現在は司法裁判所だが、裁判所が法内容の平等を判断するにしても、その方法は、立法者と同様に、憲法典に例示的に列挙された事項を解釈する以外にはない。この構造は、かつての立法権至上主義に立脚する立法者非拘束説の場合と変わるところはなく、その違いは平等認定において、立法機関に信頼を置くか、司法機関に信頼を置くかの点であり、正確に言えば、かつての立法者非拘束説は、現行憲法下では、裁判官非拘束説に移行したというに過ぎない。「平等な法適用」の実現は明確に認定できるが、平等な法内容をもつ法規範が定立されたのかどうかについての客観的な認定はできないから、法内容の平等とは、法律的には無内容な、政治スローガン以上の意味をもたない。

　平等概念のもつこの構造を認識すれば、「法の下の平等」が憲法典に記載され、特権としての投票権が否認された今日の民主制にあっても、依然として身分を語る余地は失われないし、むしろそれを意識することが、適切な「内容」を伴う立法に際しては重要性をもつと思われる。18世紀にカントが語ったような、投票権を有する特権的な国家公民は今日存在しないにせよ、平等基準の定立は一定の排除を伴う以上、立法はしばしば何らかの、新たな

身分を再生産し続けている。かつては一人一票としての普通選挙を求める運動も、その要請が充足されると、今度は「一票の価値」の観点から現行制度の不平等が叫ばれることになる。たしかに特定選挙区住民の一票の価値が他選挙区に比して高まるのであれば、政治的影響力として同等ではないから、ある種の特権性を伴う身分を作り出しているともいえる。当然、そのような現状への是正として、選挙区割りを変更することで投票価値の不平等を是正することができるだろう。だがこの要請が満たされるとしても、次の段階では、マジョリティに属さない特定地域や文化的集団への配慮をどうするかとの問題意識から、「実質的」という名の政治的平等論や、affirmative action が求められる場合もありうる。しかしこの意味の平等は「逆差別」といわれる、ある種の身分定立でもありうる。どのような結論を採用するにしても、こうした論争は、法的意味の平等論を越え、政治的な議論に入り込む。この問題の解決は、時間がかかろうとも、（違憲審査権を有する司法権も含む形で）民主的な政治過程における討論と国民的合意によって決する他ない。アメリカ合衆国には、人種別の選挙区はないが、カナダではフランス系や先住民に対する特別の区画が存在するように、それはその国の歴史と国制により多様であり、唯一の正解があるわけではない。こうした政治的考慮や知恵を要する不平等是正の判断が、違憲審査権をもつ裁判官によって一義的に解決できる法的問題であるとみるなら、それはきわめて無邪気かつ素朴な思考と言われねばなるまい。

　したがって「法の下の平等」が憲法典に記載され、憲法上の原理になる時代においても、われわれは依然として18世紀の頃と同様、身分や特権の問題に対応し続けなければならない。生得的な平等を理念として承認しても、現実には特権や身分といえるような枠組みがつねに再生産され、追認（あるいは批判）されるという構造はカントの時代と変わるところはない。とはいえ、日本国憲法下において、平等の解釈問題は純粋な政治の領域ではなく、第一次的には憲法レベルでの「法解釈」である。そこに多数者の意向と結び

ついた政治性が介在し、またそれが無視しえないものであるとしても、そこで恣意や偏見等による基準設定も許容されると居直るならば、それは立憲政治の否認であろう。そこでは立憲主義理念と調和する、あるいは反しないような形での、価値観点と概念構成が求められるはずである。

（2） 保護の防壁としての身分

　平等の実現をめざす立法や法解釈も、これまで述べたように、根源的には民主過程を通じた、政治的な価値判断に占められる部分が少なくない。シュミットによれば平等はそもそも民主制と結合した政治的概念であった。だが政治の恣意を排し、安定的かつ規則的な権力行使を可能とするのが法の理念であるならば、法はもともと平等とは切り離せない関係にある。それはシュミットのいう政治的原理というだけでなく、市民的法治国家原理からの要請でもあり、平等とはまさに政治と法を両親とする概念であるともいえる。その意味で、代表制のあり方をめぐる政治的領域では、平等論は単純な比例的平等を超え、アファーマティブアクションのような、政治的配慮も登場することになる。それは一面では「実質的平等」からの要請とされるが、他面では政治的特権として機能しうる。そのような政治性の高い立法の可否は、終局的には政治的合理性を追求する民主的政治過程に委ねられるべきだろう。違憲審査権を有する司法も、最終的な判断権は留保しつつも、立法の形で下された実質的平等の決定に対しては、法律の恣意的な適用や比例原則違反のような場合を除き、これに抑制的に対応し、民主的決定を尊重するのが適切である。

　しかし政治の領域から一応は遮断された私法領域を対象とする立法において、不可避的に生じる身分や区別について、それが許されるのはどのような政治的言説による場合なのか。この点で想起されるのは、ラートブルフの「法における人間像」で説かれる、人間像の変遷をもたらす要素についての歴史的描写である。これは「実質的平等」を導く原理を示した所論として示

唆的である。ラートブルフによれば、中世において権利とは義務に適うように行使される期待のもとに認められていた。そうした期待に沿う形での権利行使をする人間は、習俗や宗教を通じ、義務や共同体に結びつけられた人間である。カントも認める家長の権利も、こうした道徳的背景での行使が想定されるが、啓蒙主義理性法の理念はこうした人間像を許容しなかった。ラートブルフによれば、近代における自由主義の人間像は、「利潤追求と打算に終始する商人像」、「私利を図るについてきわめて狡猾な個人」であり、利益追求においては「一切の社会学的束縛に拘束されず」、「法律的束縛に服従するのも、打算された個人利益そのもののために拘束される」にすぎない人々である。こうした精神をもつ人間像が正面に登場するのは、義務にかなった権利行使を想定していた家社会や封建制度が崩壊しつつある時代である。具体的な人間の特性への顧慮を欠き、すべての人を「狡猾にして自由かつ利己的な人間」と一律平等に想定する法は、「無経験、困迫、軽率」といった諸個人を破滅に導くことになる[18]。

啓蒙主義や市民法の想定する人間像の虚構性が意識されることにより、いわゆる私法の社会化や社会学的刑法理論、また公法における社会国家理念が生じてくるが、そこで新たに想定される人間像は、「社会の中なる人間、すなわち集合的人間」とされる。企業、労働者階級という団体を交渉主体として想定する労働法はその典型のひとつである。民主主義下での投票行動において認識されるべきは孤立した個人ではなく、集団、階級、政党といった集合的人間の概念により捉え直された社会的人間である。比例代表制度の採用もこうした社会観の現れと捉えられる。ラートブルフの時代にあって、法における人間とは、団体的エトスを伴う、集合的人間として想定される社会的法の時代である[19]。

ラートブルフによるこの議論は、今日目新しいものではなく、現代の社会国家や実質的平等論といえるが、これらは現代法が特有の平等観に基づいて設定した身分ともいえる。問題となるのはこうした身分設定が積極的に評価

される根拠は何かであるが、普遍的な生得的権利を出発点とするカントの議論、また今日の常識的な立場から考えるとそれは、――月並みな結論ではあるが――それは「自立性」不十分な、個人の活動能力や判断能力を補うことを想定する場合であろう。ラートブルフによれば、「新しい時代」の社会的法は、家長的法時代の思想を採り入れたものである[20]。18世紀にあって、自立性不十分な者の権利を家長が支え、保護する代わりに、20世紀以降にあって、市民法の虚構的な人間像から外れる、理性的能力と自立性不十分な者たちは、国家の主導する社会的法で保護される。家長制度を基盤としていたかに見えた、カントの自立性概念の思考は、「実質的平等」の確保という身分概念と関係づけられることで、今日でもなお意味を持ち続けているといえる。

このように、「身分」という形でカテゴリカルに把握される複数の人間類型を、市民法はいったん否認しようとしたが、結局は新たな身分を認めざるをえなかった。カントにおける家長権の概念は、伝統的なものであると同時に、古典的市民法に伴う原理的な自由主義の建前を現実的に修正しようとする契機がそこには含まれている[21]。むろんそうした身分類型は、社会的状況を見据え、その要不要や修正が不断に検討されねばならないし、その吟味が不十分であるとき、身分は固定化された特権となり、「再封建化」[22]の危機にさらされよう。その判断を第一次的におこなう責任をもつのは、何が等しく、等しくないかを判断した上で、ルールを定める立法府であり、二次的にはその判断を修正しうる司法であろう。

むすびに代えて

短い論文の中で、本稿は連続性をもつ、ふたつの大きな論点を抱え込んでしまった。ひとつは啓蒙主義近代の代表としてのカントにおいて「身分」はどう位置づけられているか、であり、もうひとつは現代において身分を語る

意義は存在するのか、ということであった。そもそも素材となる『法論』がアレントの言うように、啓蒙主義自然法論のありふれた一バージョンだとすれば、その方法論的基礎はカントの批判した独断的理性主義の産物であったということであり、彼の理性批判や、そこから導かれる自由主義的な個人主義とは無縁と見る批判もつねにある。これに対して筆者は基本的にはインゲボルグ・マウスらと同様に、『法論』の構想は彼の主権優位の理性法国家構想を示すものと見ている[23]。しかし、こと身分の問題に関して言えば、カントに対し、自由主義的解釈を施す立場からも、主権優位の解釈を施す立場のいずれからもこれを原理的に引き出すことは難しい。特に後者の主権優位の法秩序構想と見る立場からすれば、主権的意思の貫徹を阻むかのような種々の身分秩序は、公法優位の思想に立脚する理性法国家のガバナンスにおいて、存在する余地のない利権や慣行、マウスの言葉を借りれば、近代民主制が「再封建化」する契機を残すものとみなされよう。前者の立場に立ちつつ、旧政治社会の構造を残存させた保守主義的自由主義の立場を採るならば、身分の問題を調和的に解釈することはできるが、それは特殊歴史的な制度を前提とするもので、理性的な制度構想であると主張すべき権利を失うし、そうなればアレントが言うように、もはや今日読むべき価値のない、18世紀固有の啓蒙主義自然法論とみなされてしまう。

　だが本論で述べたように、自由主義を徹底する程、その市場競争に参加しえず、自立できない者への対応は——家社会がほぼ解体した現代において——国家として避けられない。自由放任の典型とされる英米にあっても、伝統的には家社会が個人を支えてきたのである。一世代下るヘーゲル『法哲学』で「欲望の体系」としての「市民社会」の中で、福祉行政としてのPolizeiやKorporationが語られ、期待されるのは、カントの知らなかった階級社会化へのひとつの健全な対応である。しかしそれは封建的な、生得的身分とは異なる、新たな身分の創出たらざるをえない。家社会であれ、市民社会であれ、「平等」な国民の間で、自立性不十分な市民の身分設定を、立

法者はつねに考える必要がある。個々の実情や差異に応じた形で、「何が平等か」を認定する立法の課題は、封建時代以上に複雑かつ両義的となり、「差別」的機能を発揮する可能性もある。違憲審査制度の導入が一般化した今日、その判断は立法府に独占されるものではないが、司法裁判所の側も、その判断は非政治的かつ純粋な法律判断だけで済まないという認識が必要であろう。

〈注〉

1　Max Weber, Wirtschaft un d Gesellschaft, 5. Auflage, J.C.B. Mohr, S.505f.
2　フランスの人及び市民の権利宣言の第1条は「人は自由かつ権利において平等な者として生まれ、生存する。社会的差別は、共同の利益に基づくものでなければ、設けられない。」共同の利益に基づく「社会的差別」とは、封建的権威に由来しない、国民の「一般意思」たる法律により正当化される。ルソーによれば、法の対象はつねに一般的であり、行動を抽象的なものと考えるから、特定個人に特権を付与し、王家を指名することはできないが、一般的な形で特権を規定し、王政を確立することは可能である（Rousseau, Du contrat sociale, livre2, chap.6）。
3　代表的な見解として、Manfred Riedel, *Herrschaft und Gesellschaft*, in: Zwi Batscha（hrsg.）, Materialien zu Kants Rechtsphilosophie, Suhrkamp, 1976.
4　村上淳一『近代法の形成』（岩波書店、1979年）「カントにあっては、国家は依然として家を単位とする政治社会として、すなわち自権者家長の社会として理解される」86頁。
5　Hanna Arendt, *Lectures on Kant's political philosophy*, The University of Chicago Press, 1992, pp7.（浜田義文監訳『カント政治哲学講義』法政大学出版局、1987年、4頁）。
6　Kant, *Metaphysik der Sitten*, in; *Kants gesammelte Schriften* VI, 276.（以下、アカデミー版全集の巻とページ数を本文中に記載する）。
7　互いに平等な関係の中で成立する相互的な占有、すなわち人倫の形而上学基礎で提示された「人格のうちにある人間性を、自分がいつでも同時に目的として必要とし、決してただ手段してだけ必要とすることのないよう行為せよ」（*Grundlegung zur Metaphysik der Sitten*, IV, S.52）との実践的命法は、婚姻に

よる夫婦の相互的占有にも対応するといえる。
8　Kersting, *Kant über Recht*, mentis Verlag, 2004,S.92　またKersting, *Wohlgeordnete Freiheit*, mentis Verlag, 2007, S. 250.（邦訳『自由の秩序』ミネルヴァ書房、2013 年、242 頁）によれば、婚姻権と親権は、人格を物件と扱うことについて「自然的な所与と生物学的な根本関係に対応している」が、奉公人を支配する家長権についてはこれが見られないとし、家長権をアプリオリな体系に入れることの困難さを指摘する。親権についてはこの指摘は正当だが、婚姻権もこれに含めることには無理がある。
9　Kersting, ibid., S.297（邦訳 290 頁）。
10　Kersting, ibid., S.298（邦訳 291 頁）ケルスティングによれば、ここでは理性法的な概念と、伝統的なヨーロッパ秩序原理の対立が表現されたままである。
11　ケルスティングは「自立的な人の政治的特権化は、国家法のアプリオリな構成原理としては正当化されない」とする（ibid., S. 299）。とはいえ、自立性なき未成年者に投票権という政治的特権が承認されるべきでないのは今日でも認められるところで、このテーゼは全面的には容認し難い。自権者としての自立性を、経験的な経済的自立性に転換したことは誤りであり、その方法論的混濁が批判されるべきとしても、成年者／未成年者の区分という点で、自立性はなお規範的な意味をもちうるように思われる。
12　とはいえ、すべての女性が、能動的意味での国家公民資格を享受できない、というカント（に限らず当時の論者）の主張は、生得的身分の容認という他ない。性別による投票権の制限が今日承認されないのは当然としても、女性の生得的属性を重視するのであれば、唯一の普遍的な人権に依拠した、たとえばリプロダクティブに関わるような「女性の人権」というある種の身分権を語る意味も生まれる（この問題については辻村みよ子「『女性の人権』の法的構造」、『成城法学』48 号、1995 年）。女性を家長権に服する、保護されるべき存在とする伝統的思考は、現代においては女性特有の身分権を積極的に承認する方向性をも持ちうると考えられるが、このことは普遍的な人権理念との矛盾とも考えられる。ここでは非生得的な意味の身分を問題とするので、この問題をこれ以上掘り下げる準備はないが、これは人権の中に特殊な保護や特権を認める契機をどこまで含めるかという問題にかかわる。
13　野中・中村・高橋・高見『憲法Ⅰ（第 4 版）』、2006 年、有斐閣、275 頁。
14　人種や性別についていえば、本人による選択の余地のないものであり、憲法典

は生得的属性による差別取扱いを当然に禁止していると考えられる。しかし相続制度は、特定の家系に属するという生得的属性による身分的権利を認める差別的立法であるともいえる。この意味で民法900条4号の非嫡出子の相続規定にかかる最高裁平成25年9月4日決定が、「…父母が婚姻関係になかったという、子にとっては自ら選択ないし修正する余地のない事柄を理由としてその子に不利益を及ぼすことは許されず、…」との理由を違憲判断で示したことは分かりやすいが、思慮の浅いものと言わざるを得ない。この理由が正当とすれば、相続制度全般が「子にとっては自ら選択ないし修正する余地のない事柄を理由」とするものであり、「法の下の平等」に反する制度となるはずである。これは立法府の判断領域に踏み込む政治的判断だが、法律判断の名の下でおこなわれる司法の政治的無自覚さの典型がここには見て取れる。

15　Carl Schmmit, Verfassungslehre, S. 227（尾吹訳280頁）。
16　佐々木惣一『改訂日本国憲法論』1952年、有斐閣、425頁以下。
17　宮澤俊義『憲法Ⅱ』1957年、有斐閣、262頁。
18　Der Mensch im Recht, Vandenhoeck & Ruprecht, 1957, S. 18（桑田・常盤他訳『法における人間』東京大学出版会、1962年、10頁）。
19　Radbruch, ibid., S. 16（邦訳12頁）。
20　Radbruch, ibid., S. 18（邦訳13頁）。
21　樋口陽一は、こうした「近代」と「前近代」の融合を警戒する代表である。中間団体の解体が不十分であり「国家からの自由」像の追求が不徹底であったとされるわが国では、社会法の存在が企業共同体的意識や精神的自由の確立を妨げる要因となっていることを指摘する（樋口陽一『比較憲法』青林書院、1989年、483頁、487頁など）。しかし徹底した形式的自由と、中間団体敵視の抽象的人権は、単なる理念型であり、それを「ひとつの典型」として、非現実的な制度として徹底させる必要がどこまで存在するのか。それはある種の発展的歴史観が残存した思考のように思われる。
22　Ingeborg Maus, Zur Aufkärung der Demokratientheorie, Suhrkamp, 1994（浜田・牧野訳『啓蒙の民主政理論』法政大学出版局、1999年）。
23　拙著『境界と自由』成文堂、2010年。

第 3 章

スウェーデン航海法構想をめぐる「諸身分」の関係:
スウェーデン王国議会商務代表団の活動を中心に

齊 藤 豪 大[*]

はじめに

　1724 年 11 月に発布された、いわゆる「スウェーデン航海法（Produktplakatet, 1724-1827）」は 18 世紀スウェーデンにおける重商主義政策および海運政策に関する基本施策の一つである[1]。これまでのスウェーデン経済史研究では、スウェーデン経済史研究の大家であるヘクシャーを嚆矢として、航海法施行によってスウェーデンにおける海運構造がどのように変化していったのか、また貿易構造がどのように変化していったのかについて研究が進められてきた[2]。

　スウェーデン航海法は、対外貿易に利用する船舶の船籍をスウェーデンおよび取引相手国に限定し、オランダを始めとする中継輸送船の影響力を低下させることを目的とする施策であった。ヘクシャーは、航海法の施行によってスウェーデン船籍の船舶利用数、さらには船舶の規模や積載量が増加していったことを明らかにしつつ、自国船舶の利用割合が増加したことによって、輸送コストが上昇した点について指摘を行った。輸送コストの上昇は商

品貨物の価格に転嫁されるため、とりわけスウェーデンの戦略物資であった塩取引に悪影響を及ぼし、結果として塩不足をもたらしたとヘクシャーは論じたのである[3]。

このヘクシャーの見解は、のちにフーグベリやカーレンといったスウェーデン経済史研究者によって批判にさらされることとなった。特に、カーレンは塩価格に関する統計史料の分析を通じて、スウェーデン航海法施行後も塩価格の急騰や塩の輸入量が大きく悪化するようなことはなく、ヘクシャーが論じるようなスウェーデン航海法施行を原因とする塩取引の悪化はなかったと批判したのである[4]。そして、フーグベリやカーレンは、ヘクシャーが航海法施行後にスウェーデン船籍の船舶数が増加していることを示していながら、航海法施行による「失敗」を論じている点について指摘した上で、ヘクシャーが同時代におけるシュデニウス（Anders Chydenius, 1729-1803）を始めとする航海法反対論者の議論に基づいて論じた点を指摘している[5]。このような批判を通じて、近年のスウェーデン経済史研究においては、スウェーデン航海法施行はスウェーデン貿易や経済活動に貢献した施策であったとする評価が定着しつつある[6]。

航海法構想が行われた1720年前後のスウェーデンは、国王カール12世の戦死（1718年）によって絶対主義から王国議会を中心とする政治体制へと転換する時期、いわゆる「自由時代（frihetstiden, 1718-1772）」を迎えた時期であった。自由時代初期は、大北方戦争（1700-1721）敗戦からの復興、ならびに自国の経済成長を目的とする政策構想が行われ、18世紀スウェーデンにおける経済政策を理解する上で重要な時期であった[7]。特に、1722年～1723年における王国議会の議論においては、輸出入均衡の問題が盛んに議論されることとなり、輸入代替のための経済政策構想が本格的に行われることとなったのである[8]。

しかしながら、航海法施行やその影響を検討した研究と比べて、航海法を始めとする18世紀スウェーデンの経済政策構想に関する研究蓄積はそれほ

ど多くないのが現状である。例えば、上述のカーレンは、スウェーデン航海法構想に際してレントシーキング（Rent Seeking）活動が行われており、大商人を始めとするステークホルダーが自らに有利な法律を制定するために活動を行っていた点を指摘しているが、スウェーデン航海法構想の全体像や展開過程については、いまだ十分に明らかにされているとは言い難い[9]。そのため本稿では、スウェーデン王立文書館（Riksarkivet）所蔵のスウェーデン王国議会商務代表団（Kommersdeputationen）議事録（1723年）を分析したエーリクソンの研究を参照しつつ、第1に貴族（adelstånd）、聖職者（prästerstånd）、市民（borgerstånd）、農民（bönderstånd）という4身分の関係性、第2に首都であるストックホルム（Stockholm）、ステープル都市、非ステープル都市の関係性に注目し、スウェーデン航海法構想の展開過程を追跡し、その際の諸関係について考察することを目的とする[10]。

さらに、スウェーデン航海法および同法に関する国王の声明の条文を分析することを通じて、スウェーデン航海法構想と実際に発布された航海法との関係性についても検討する[11]。

1 近世スウェーデンにおける政治・経済・社会

（1） 近世スウェーデン国制

近世スウェーデン史研究では、主に大国時代（Stormaktstiden, 1611-1718）、自由時代（Frihetstiden, 1718-1772）、グスタヴ時代（Gustavianskatiden, 1772-1809）という三つの時代区分で理解されている。大国時代は、グスタフ・2世・アドルフ（Gustav II Adolf, 1594-1632）が王位に就いた1611年からカール12世（Karl XII, 1682-1718）が逝去した1718年までの期間を指す。同時期のスウェーデンは、三十年戦争（1618-1648）の参戦を契機とした軍事展開を行っている時期であり、バルト海世界における広域支配圏、いわゆる「バルト海帝国（Östersjöväldet）」を形成した[12]。こ

の軍事拡張を支えるために、軍事制度の整備や効率的な資源配分を可能にする行財政機構の整備が進められる中で、商業政策の展開はスウェーデン王国政府にとって重要な問題として取り扱われていたのである[13]。

スウェーデンにおける統治機構は、王国議会（Riksdagen）と王国参事会（Riksråd）を始めとして、五大官職とそれを支える8つの顧問会議（Kollegium）によって構成されていた[14]。王国議会のメンバーは、貴族、聖職者、市民、農民の4身分で構成され、諸身分間の合意によって政治が行われていったのである[15]。そのため、本稿で対象となるスウェーデン商務代表団で行われた構想会議においても、貴族だけではなく、聖職者、市民、農民がそれぞれ参加していたのである。

（2） 近世スウェーデンにおける商業体系

前節で述べたように、軍事展開を行う上で戦費を確保することは重要な問題であり、その上で貿易政策は重要な問題であった。17世紀における貿易政策の始まりは2つの『交易法令（handelsordinantia）』から始まる。この法令は、グスタフ・2世・アドルフと宰相であったアクセル・オクセンシェーナ（Axel Oxenstierna, 1583-1654）によって構想され、1614年と1617年にそれぞれ発布された。これらの法令で取り決められたことは外国人がスウェーデンを航行する際には特定の13港湾都市のみ入港を許可し、内陸都市は海外との直接貿易を禁止するということであった[16]。さらに、グスタフ・アドルフの死後に制定された1636年の第三次「交易法令」によって、ストックホルム及びオーボ以北の諸都市が海外との直接貿易を行うこと、さらには外国人がそれらの諸都市に訪れることをそれぞれ禁止したのである。この禁止は、1350年頃に成立した「マグヌス・エーリクソンの都市法」によって規定されていたボスニア湾内の航行制限を「ボスニア海域商業強制」として制度化したものであった[17]。元々、カール9世（Karl IX, 1550-1611）とグスタフ・アドルフの治世においてステープル都市体系が制度化され、外

国との取引を行う都市が港湾都市に限定されており、港湾都市を拠点として取引を集中させるように画策したのであった[18]。また、このような港湾制度に対応して、1636 年には関税制度の改革なども行われていった[19]。このような港湾体系の整備が進む一方で、同時期におけるスウェーデンでは、段階的関税の導入が決定された関税法令（1645）や商務顧問会議の設置（1651）といった重商主義政策が本格展開され、海運業や造船業に対する支援が商業政策における重要な問題となっていった[20]。

（3） スウェーデン重商主義政策

　中世以来、海運業や造船業が十分に発達していなかったスウェーデンでは、海外と取引を行う際にその輸送を他国の船舶に依存せざるを得なかった。特に、16 世紀以降においては、その輸送をオランダの輸送船が担っていた。一方で、オランダは三十年戦争の影響により、それまでドイツやスペインから輸入していた鉄を確保することが困難となったため、スウェーデンの鉱山開発に積極的に関与していくこととなる[21]。元々、鉱山開発を行うための資金や技術が不足していたスウェーデンは、このようなオランダ人などの助けによって、次第に鉱山国へと成長を果たしていくこととなる。そして、鉄や銅を始めとする原材料の輸出を担っていったのが、他地域から移住してきた人々、すなわちオランダ人やイングランド人であった[22]。したがって、17 世紀前半のスウェーデンでは海外から様々なノウハウが流入し、次第にその技術が蓄積していった時期であった。

　このような状況下で、既述にあるバルト海諸国への勢力拡張と併せて考えた場合、他国の海運業に依存する状況はスウェーデン王国として望ましい状況にはなかった。そのため、オクセンシェーナを中心として、自律的な海運体制を構築する動きが次第に高まっていったのである。17 世紀から 18 世紀におけるスウェーデン重商主義政策は、第一に王国税収の増加、第二に海運業、造船業、海軍の振興、第三に国内における産業振興と保護を目的として

展開された[23]。特に、1645年の交易法令では、14門以上の大砲が武装されるスウェーデン船籍の船舶に対して関税を全額免除（helfria）、スウェーデン船籍あるいは船主がスウェーデン人である船舶に対しては半額免除（halvfria）、それ以外の船舶には通常の関税を課し、段階的な関税制度を構築した[24]。このような関税制度は、スウェーデン船籍の船舶利用を促進し、海運業の振興を目的として導入されたものであった。

また、これとともに1651年には外交通商部門を管轄するスウェーデン商務顧問会議が設置され、スウェーデン海運業と造船業を支援するための様々な活動を展開した。これらの取組を通じて、スウェーデン海運業が成長するための素地が整備されていった[25]。このように、17世紀におけるスウェーデンでは、軍事展開や勢力拡張に対応して重商主義政策が本格的に展開されていったが、そのような政策方針の再考を迫られる事態が発生する。それこそが大北方戦争の敗北であった[26]。

17世紀におけるスウェーデンの勢力拡張は、周辺国との軋轢を増していくこととなった。特に、バルト海から西ヨーロッパへの接続航路を構築しようとしていたロシア、17世紀において度重なる敗戦に見舞われていたデンマークなどが1699年に同盟を締結し、1700年にスウェーデンに対して宣戦布告を行ったのである。当初、スウェーデン軍は優勢であったものの、1709年のポルタヴァの戦いで大敗をきっかけに戦況が悪化し、1718年にはカール12世が戦死したことにより、政治の中心は国王から王国議会へと移行することとなる。1718年から1772年にかけて、スウェーデン国制は王国議会を中心に編成され、この時期をスウェーデン史の時代区分上「自由時代」と呼称されている。そして、王国議会では秘密委員会（Sekreta utskott）を中心として戦争の終結と戦後復興に関する協議が進められていったのである[27]。復興構想において重商主義政策の構想は重要な問題であり、スウェーデン航海法はその具体的な施策の一つとなったのである[28]。

2　スウェーデン航海法構想

（1）　自由時代初期における貿易政策構想

　自由時代におけるスウェーデン海洋政策に関する構想の発端は、大北方戦争中の 1719 年の王国議会にあった。この年の王国議会では、王国内における貨物取引に関する支援策や海外との直接取引を自由に行えるようにすることに関して市民から要求が行われることとなった。この要求によって、翌年の王国議会ではストックホルム市民による海外との直接貿易の有無について、関税や貿易上の諸問題と関連づけて検討されることとなったのである[29]。ここでの議論を通じて、ストックホルム市民が船舶を用いて海外との直接貿易を行えるようにすることが望ましいとする議論が展開されていった[30]。

　さらに、イングランドとの貿易取引について不満を持っていたストックホルム商人は、海外貿易に関する改善を秘密委員会に対して要求したのである。この背景には、イングランドが 17 世紀後半以降スウェーデンの鉄製品を最も輸入する国となったことが関係している[31]。スウェーデン産の鉄製品をイングランドへ輸送する際に、その輸送を行ったのはオランダとイングランドの船舶であった[32]。このことから、スウェーデンは輸送料金をオランダとイングランドそれぞれに支払っており、スウェーデン側はこの状況を問題視していたのである[33]。そのため、ストックホルム商人はスウェーデン船舶によってイングランドとの取引を行えるようにするために、スウェーデン海運業・造船業の振興を目的とする政策の推進を王国に対して求めていったのである[34]。一方で、陸軍元帥（Lantmarskalken）であったアルヴィド・ホルン（Arvid Horn, 1664-1742）は、対イングランドとの軍事外交上の観点から貿易制限構想に関する施行に慎重な姿勢をとるように表明したのである[35]。このように、カール 12 世逝去後のスウェーデンでは、スウェーデン

海運業の支援や王国内で活動する外国船舶に対する制限に関する取組を行うことが重要な課題となっていったのである。

このような海運政策に関する議論が進展する中で、商務顧問会議が実務上の調整役を担当することとなった。商務顧問会議長（president）であるマグヌス・ユリウス・デ・ラ・ガルディ（Magnus Julius de la Gardie, 1674-1741）は、自身も船主であったことから地中海貿易やレヴァント貿易の振興について積極的に支持していった。商務顧問会議はストックホルム商人と強い関係をもっており、このことは航海法制定にあたってストックホルム以外の諸都市を軽視する結果をもたらすこととなったのである[36]。また、商務顧問会議内で貿易制限構想を実質的に主導していたのは、商務顧問会議補佐官（assessor）であったヤコブ・フォン・フーケルステッド（Jakob von Hökerstedt, 1685-1757）であった。このような航海政策に関する議論が進展する中で、1721年に商務顧問会議はスウェーデン船舶の支援についてどのような支援が望ましいかをステープル諸都市に対して問い合わせを行った。その回答により、海運に関する法律を制定することが諸都市においても望まれていることが確認されたのである。

一方で、この回答を通じて新たな問題となったのは各都市における関税率の問題であった。ストックホルムの船主たちは、ストックホルムにおける関税率について一定の優遇をするように要求をしてきたのである[37]。商務顧問会議は、その妥協案として1722年7月に関税布告を発布し、ストックホルムの船主たちの要求に応じていったのである。この関税布告を通じて、主要産品における輸出入関税の優遇がなされ、遠距離交易の振興を図ったのである[38]。

また、このような商務顧問会議内で海運政策の構想が練られている同時期に、官房においても同様の議論が展開されていた。ストックホルム参事会員であったダニエル・ニクラス・フォン・フープケン（Daniel Niclas von Höpken, 1669-1741）は、1722年2月の官房における会議においてイングラ

ンド航海法と同様の貿易制限策をスウェーデンでも実施することを提案した。このようなフープケンの提案は、先のフーケルステッドの提案と共鳴することとなった。

このように、王国政府やストックホルム商人の間では、新たな重商主義政策の実施、特に外国船舶に対する貿易制限構想が本格化していった。特に、「中央政府」とストックホルム商人によって協議が進められ、両者の関係性は1723年に行われた航海法構想においても大きな影響力をもつこととなったのである。

（2） スウェーデン王国議会商務代表団の活動

商務顧問会議や官房で構想されていた議論を法案化するためには、王国議会で承認を得る必要があった。そのため、貿易と海運を管轄する王国議会商務代表団（Kommersdeputationen）は、1722年2月19日よりスウェーデンにおける貿易制限施策に関する議論を行うこととなったのである。商務代表団議事録の1722年2月15日の出席者では貴族16名、聖職者が5名、市民が14名、農民が2名、欠席者5名の名前が記されている[39]。議事録に記載されているメンバーから明らかなことは、第一に商務代表団は貴族と市民が多数派であったこと。第二に市民については、海外との直接取引を許可されていたステープル都市の代表者が殆どであったこと。第三に、ストックホルムのみ市民の代表者が3名出席していたのである[40]。そして、このストックホルム商人が航海法構想において大きな発言権をもつこととなり、地方都市との対立を生み出す原因でもあったのである。

1723年2月19日の商務代表団における会議では、スウェーデン商業の現状をふまえて、商業を振興するための法律の制定や商取引の状況改善を目的とする制度構築について話し合われることとなった。特に、スウェーデンの海運・造船業の奨励を目的として、スウェーデン船籍に対する関税の優遇について検討が行われることとなった[41]。特に、ストックホルム商人である

ヨハン・スパルディング（Johan Spalding, ?-?）は、スウェーデンの貿易問題に関してイングランドと同様の規制を適用すべきであるとする提案を行ったのである。

この提案をより詳細に検討するために、提案者であるスパルディング、ストックホルム商人であるアスペグレンに加えて、海軍提督（Amiral）のヨナス・フレデリク・ウーンフェルト（Jonas Fredrik Örnfelt,1674-1733）、ユーテボリ商務代表（Kommersrepresidenten i Göteborg）のヴィルヘルム・フォン・ウスファール（Vilhelm von Uthfall,1677-1753）、2名の聖職者、2名の農民が出席し検討が進められた。そして、1週間後の2月26日の会議において、陸軍元帥であるスヴェン・ラーゲルベリ（Sven Lagerberg, 1672-1746）がフープケンとともに出席し、さらにはストックホルム参事会員のヤコブ・ブンゲ（Jacob Bunge, 1663-1731）やストックホルム大商人であるアブラハム・グリル（Abraham Grill, 1707-1768）などもこの会議に参加した。商務代表団内における貿易制限策の構想に対して、ラーゲルベリは消極的な姿勢を示していた。これに対して、ウスファールやスパルディングは、スウェーデン商業が発展するためには、そのような政策を行うことが不可欠であると進言したのである[42]。

この会議の議論をふまえ、3月12日に外国船舶の制限に関する計画案が作成され、3月19日から3月22日まで商務代表団で検討されることとなった。そして、この会議において貿易制限策に対する批判が、参加者から噴出することとなる。例えば、鉱業経営者であったヨハン・ノルデンフェルト（Johan Nordenfelt, 1676-1725）は、航海法の施行によって海外市場との争いや鉄製品輸出が困難になること、さらにスウェーデンにとっての戦略物資である塩の輸入不足を危惧した[43]。また、官房会計局委員（Kammarrevisionen kommissarie）であるカール・トゥールネブラド（Carl Törneblad,1686-1737）も、貿易制限策を行うことによって品物不足及び価格上昇の危険があることを指摘したのである。これに対して、スパルディン

グやグリルは、スウェーデンのステープル諸都市には塩を始めとする各種物資を輸送するために必要な船舶が十分にあるため、そのような心配はないと反論したのである。

　そしてもう一つの議論の柱となったのは、貿易制限策に関する裁量範囲についてであった。つまり、貿易制限策を展開するにあたってストックホルムに権限を集中させるのではなく、全ての諸都市が「同様の貢献」を行うべきであるとする要求がクリスティアンスタット（Kristianstad）の貿易商人などによってなされ、イェブレ（Gävle）の市民代表などから賛同を得ることとなったのである。そして、この諸港に対する権限をめぐってストックホルムとその他のステープル都市は対立することとなり、航海法構想に関わる議論は紛糾することとなったのである。以上より、この会議では第一にイギリスとの外交上の問題から貿易制限策を実施するかどうか、そして第二に施行する際に各都市における権限問題をどのように調整するかということが重要な問題となったのである。

　1723年5月10日に行われた商務代表団の会合では、イェブレ（Gävle）、ハルムスタッド（Halmstad）、カルマル（Kalmar）、クリスティアンスタッド（Kristianstad）、ノルシューピン（Norrköping）、ニーシューピン（Nyköping）、ヴァルベリ（Varberg）の王国議会議員によって、貿易制限政策に関する様々な要求が行われることとなった。そこでは、イングランドとの貿易関係の改善、そして航海法作成にあたって大都市に利益が集中しないような権限の設定を要求したのである。これらの要求をふまえて、商務代表団と関税局は7月11日に外国船舶に対する禁止施策に関する規定の合意を行い、その計画案を王国議会に送付したのである。そして、1723年7月31日付けで外国船舶の制限に関する法律発布の承認が行われることとなった[44]。この承認により、スウェーデン商務顧問会議で課題となったのは、布告を施行するにあたって王国内の海運状況の実態把握であった。

3 スウェーデン航海法の施行

(1) スウェーデン航海法の発布

　王国議会と顧問会議における議論を通じて、貿易制限施策の実施が決定されたものの、発布するにあたってはスウェーデン王国内における海運や港湾の実態を把握する必要があった。そのため、商務顧問会議は航海法条文の作成と平行して、港湾都市の状況について調査を開始することとなった。

　この調査結果をふまえて、1724年10月5日の商務顧問会議で行われた会議では、スウェーデンにおける現状と航海法条文に関する検討が行われた。商務顧問会議の調査によって、スウェーデン船舶は177隻から348隻まで増加していたことが確認され、食糧や荷物を運ぶ際にバルト海内で利用される小規模船舶は十分に整備されている状況にあること、スペインやポルトガルと塩取引を行う際に必要な大型船舶については、ストックホルム、ユーテボリ、カールスクローナに停泊していることが確認された[45]。これらの状況から、フーケルステッドは航海法施行によって塩価格が高騰するようなことはないと判断したのである[46]。しかし、この会議には一つ問題点があった。それは、ステープル都市に対してこのような判断が行われたという通知がなされず、王国政府の関係者とストックホルム商人の間で独自に会議が進められていった。

　商務顧問会議はこれまでの航海法構想に関与していたグリル、クーゼル、スパルディング、トウティンといったストックホルム商人を招聘し、1724年10月9日から15日にかけて最終的な議論が行われた。この中で、他都市から不満が噴出していたことから航海法発布の延期も視野にいれることが議論されたものの、スウェーデンの海運業や造船業の支援が急務であるという意見によって、航海法施行への決定がなされた。商務顧問会議長マグヌス・ユリウス・デ・ラ・ガルディは1724年11月3日に王国参事会に商務顧問会

議の決議書を手交した。そして、王国参事会は決議書を承認し、11 月 6 日に国王のもとへ送付され、11 月 10 日付けでスウェーデン航海法が発布されることとなり、1725 年 1 月 1 日に施行されることとなったのである[47]。

（2） 1724 年スウェーデン航海法

では、実際にスウェーデン航海法における条文について確認をする。条文の分量が多くないため、全文を下記に記す。

　神の恩寵とともにスウェーデン、ユータ、ヴェントなどの国王である我らフレドリックは、我々の責任に基づき、我々の忠実な臣下たちの幸福に対して好意的な配慮をより広くもたらす。それは、何らかにおいてその向上に資する全てを促進するためのものであった。その他に、我々は、船舶の船主業務とその業務の手助けが、我が王国と王国民が繁栄する上で最も確実な方策の一つとして評価していたことを認めている。慈悲深き配慮によって、我々、すなわち王国議会は、周辺の王国都市においてつつましやかな代表を行使し、布告を適切であるものとした。そのため、我々の規定に基づき、施行年からスウェーデンとフィンランドにおける外国船舶に対する正当な命令と布告を行使する。したがって、以下のような状態となる。船舶や積荷の半分が王国と王室によって没収（Confiscation）、残り半分が押収（Beslagaren）の対象となる外国人の船舶、あるいは用船された外国船舶は、特定国の生産物を除き我が国に運び入れてはならない[48]。その国の植民地、プランテーション、交易地から運ばれたものについても同様である。しかし、その状況下で、いわゆる 5 月の塩（Maj-Saltet）の王国への輸入は一般的に把握されておらず、その禁止事項についても取り扱われていなかった。それ故に、我々は、我々と王国の商務顧問会議、ならびにその他の重要な制限に関する権限を有する税関関係者に命ずる。それは、我々の慈悲深き布告の全てを適切に遵守し、警戒することを命ずる。

本布告に該当するすべてのことは、遵守し従わなければならない。我々は、念入りに署名を行い、我が国王の刻印を押印することによって承認した。1724年11月10日ストックホルム、王国参事会[49]。

　これまで商務代表団や商務顧問会議で議論されてきたように、航海法はスウェーデンおよびフィンランドの港湾都市が海外と貿易を行う際に、取引相手国を除いた外国船舶の利用することを禁止する布告であった。そして、違反をした場合には積載された貨物の半分が没収の対象に、もう一方が押収の対象となったのである。このことによって、スウェーデン航海法は自律的な貿易体制の構築、換言すればオランダの中継貿易に対する対抗姿勢を明確に打ち出すこととなったのである。

　また、後半ではスウェーデンにとって重要物資である塩の取引について記されている。これまで、他国の輸送船、特にオランダ船に依存していた戦略物資の輸送を自国で管理する方針がここで明確に打ち出された。スウェーデンにおける塩輸入の管理については、1731年7月27日にも塩貿易法令が発布され、塩輸入に関する制度が整備されていったのである[50]。

　このように、航海法はスウェーデンの海洋政策や塩輸入の基本施策として発布されたが、商務顧問会議や商務代表団における会議内で意見が出されたように、ステープル諸都市の意見が反映されず、商務顧問会議やストックホルム商人の意向が強く反映されて発布されたものであった。そのため、ストックホルム以外の諸都市から航海法施行への再検討が要求されたのである。

（3）　1726年航海法修正条項までの経緯

　スウェーデン航海法構想は王国政府やストックホルム商人を中心として行われ、ステープル諸都市の十分な同意がないまま発布されることとなった。このことは、航海法施行に対するステープル諸都市の不満や条文に関する解

釈上の問題をもたらすこととなったのである[51]。そのため、航海法施行直後にユーテボリ、イェブレ、カルマル、クリスティアンスタッドの各都市から航海法施行の延期に関する請願書が商務顧問会議宛に送られたのである。この請願をふまえて、商務顧問会議は1725年1月19日にステープル諸都市に船舶が十分に配備されているかどうかを検討することとなった。これにより、ステープル諸都市に対する航海法の施行そのものを延期する必要性についての議論が中央政府内で噴出することとなったのである。

しかしながら、このような提案が行われていたのにもかかわらず、実際に航海法施行の延期が実行されることはなかった。むしろこの提案によって、王国議会・ステープル諸都市対商務顧問会議・ストックホルム商人という対立がより鮮明になっていったのである。なぜなら、王国議会はステープル諸都市からの要望をふまえて、航海法施行の延期、及び同法の改正を進めようとしていたのに対して、商務顧問会議は現行の航海法を維持する立場を堅持したためである。商務顧問会議は、王国諸都市に商船が十分に配置されていることをステープル諸都市に対して保証した上で、ステープル諸都市による航海法の改正要求を棄却していったのである。

このような動きに対してノルシューピンの市民は、航海法の施行を3年間延期することを要求し、ヘルシンフォーシュからは航海法の発布について、国王に対して告訴を行う事態となった。このような状況にありながらも、商務顧問会議は航海法施行の延期を検討することなく、それらの勢力に対抗するためにストックホルム商人と連携を強めることとなったのである。1725年5月29日に商務顧問会議は、ストックホルム商人を集めてノルシューピンとヘルシンフォーシュの一件について話し合いを行うこととなった。参加した商人は両都市の行動について反対を表明し、この話し合いをふまえてスパルディングは1725年7月12日に商務顧問会議に対して航海法の修正をすべきではないとする結論を提出する事となったのである[52]。

しかしながら、このような結論は、航海法の目的の一つであった必要物資

の安定的な供給という目的を阻害する恐れがあった。なぜならば、航海法の施行によって、ノルシューピンが塩を輸入する際にはストックホルムの塩輸送船を用船しなければならなくなったためである。さらに、ヘルシンフォーシュを始めとするフィンランド地域においても、スウェーデン船籍のみで塩を輸入することは安定的な輸入という観点から懸念されるべき問題となったのである。そこで、王国参事会はこの懸念について商務顧問会議に問い合わせをすることとなり、王国議会においても航海法施行に関する再検討の機運が高まっていったのである。

　これに対して商務顧問会議は、1725年の9月中旬から現行の航海法を維持する形で航海法修正案の検討を行い、9月27日に航海法の草案を王国議会に提出したのである。この草案に基づき、1725年10月26日の王国議会において航海法の修正に関する議論が行われることとなった。王国議会においては、例えばラーゲルベリが航海法施行によってフィンランドにおける貿易状況、それに伴って塩や必要物資の供給が悪化する可能性を指摘され、フィンランドに対する支援策の必要性が議論されることとなった。一方、商務顧問会議は、塩などの生活必需品を王国諸都市の間で輸送する場合には、スウェーデン人船主が輸送料を値上げさせないようし、王国議会内で懸念されているような事態にならないようにすることを表明したのである[53]。

　商務顧問会議は、1726年2月21日にスウェーデン航海法に関する計画を国王に送付し、1726年2月23日に承認を得ることとなった。そして、1726年2月28日に「スウェーデンとフィンランドにおける外国船舶に対する法令」が発布され、スウェーデン王国内において自国産品を輸送する場合に外国船舶を用いることが禁止されたのである。

結びにかえて

　以上のように、18世紀スウェーデン海洋政策の基本施策となったスウェー

デン航海法は、構想過程において様々な利害対立が発生していた。特に、エーリクソンが指摘しているように、航海法はストックホルム商人を始めとするスウェーデン経済を牽引していた者にとって有利な法案になるような構想がなされた。そして、それが可能となったのは商務顧問会議とストックホルム商人が密接な関係にあり、商務代表団内においてもストックホルムの市民身分、換言すればストックホルムの有力商人が大きな発言力をもっていたためであった。

航海法がストックホルム商人にとって有利なものであったことは、王国議会において航海法の発布に慎重な姿勢を見せていた者やステープル諸都市の代表による意見が容易に受け入れられてこなかったことからも明らかなとおりである。確かに、1726年2月に修正された航海法が発布されたが、スウェーデンにおける海運政策は、ストックホルムの利害関係者の意向を反映したものであることに変わりはなかったのである。

本稿では、エーリクソンの先行研究をもとにスウェーデン航海法構想の展開過程について検討を行った。しかしながら、商務代表団議事録史料や関係する先行研究を検討する限り、未だ明らかにされていない部分が多く、今後スウェーデンの重商主義政策の理解を深化させる上でさらなる検討が必要である。しかし、その点については別稿に譲ることとしたい。

〈注〉

* 久留米大学経済学部専任講師。本稿は、法文化学会第18回研究大会（2015年11月14日、於：慶應義塾大学）の報告原稿を加筆・修正したものである。また、独立行政法人日本学術振興会科学研究費補助金（特別研究員奨励費：研究課題番号15J03126）による研究成果の一部である。
1 なお、スウェーデン航海法の総称であるProduktplakatetは直訳すれば「商品掲示」などと表記することとなる。しかしながら、これまでのスウェーデン経済史研究では同法が1651年のイングランド航海法をベースに起草された経緯をふまえて、英訳では"Swedish Navigation Acts"が定訳となっている。こ

のことから、日本におけるスウェーデン史研究においても、「スウェーデン航海法」が定訳となりつつある。本稿で特に取り上げる 1724 年 11 月 10 日に発布されたものも直訳すれば「スウェーデン・フィンランドにおける外国船舶に関する国王陛下による法令」となるが、上述にある経緯をふまえ「スウェーデン航海法」と訳語を統一する。Sverige. Kungl. Maj:t, Kongl. Maj:ts Nådige Förordning Angående De Fremmandes Fahrt på Sverige och Finland. Dat. Stockholm i Råd-Cammaren den 10. Nov. 1724, i Riksbibliotek（以下、Sverige Kungl. Maj:t, 1724, i RB）。

2 Eli F. Heckscher, *Ekonomi och historia* (Stockholm: Bonniers Boktryckerl, 1922), ss. 164-225; Staffan Högberg, *Utrikeshandel och sjöfart på 1700-talet. stapelvaror i Svensk export och import 1738-1808* (Lund: Berlingska Boktryckeriet, 1969).

3 Heckscher, *Ekonomi och historia* ss. 253-255; Eli F. Heckscher, *An Economic History of Sweden* (Cambridge: Harvard University Press, 1954), pp. 194-195.

4 Stefan Carlén, "An Institutional Analysis of the Swedish Salt Market, 1720-1862," *Scandinavian Economic History Review* 42 (1), (1994), pp. 9-11; Stefan Carlén, *Staten som marknadens salt: en studie i institutionsbildning, kollektivt handlande och tidig välfärdspolitik på en strategisk varumarknad i övergången mellan merkantilism och liberalism 1720-1820* (Stockholm: Stockholm University, 1997), ss. 247ff.

5 特に断りがない限り、人物の生没年は SBL（Svensk biografisk lexikon）< https://sok.riksarkivet.se/Sbl/Start.aspx > に準拠している。Anders Chydenius < https://sok.riksarkivet.se/Sbl/Presentation.aspx?id=14849 >（2017 年 4 月 16 日閲覧）。

6 Leos Müller, Göran Rydén & Holger Weiss, "Global historia – något för nordiska historiker?," i Leos Müller, Göran Rydén & Holger Weiss (red.), *Global historia från periferin: NORDEN 1600-1850* (Lund: Studentlitteratur, 2010), ss. 13-14.

7 Petri Karonen, "Coping with Peace after a Debacle. The Crisis of the Transition to Peace in Sweden after the Great Northern War (1700-1721)," *Scandinavian Journal of History* 33 (3), (2008), pp. 203-225.

8 Lars Magnusson, *Sveriges ekonomiska historia* (Lund: Studentliteratur, 2014),

ss. 227-228.
9 Carlén, *Staten som marknadens salt* ss. 250-252. 歴史研究の立場からレントシーキング問題について考察した研究については以下の研究を参照のこと。Robert B. Ekelund and Robert D. Tollison, *Merchamtilism as a Rent-Seeking Society Economic Regulation in Historical Perspective* (Texas: Texas A & M University Press, 1981).
10 SE/RA/6122/3/R 2441, Frihetstidens utskottshandlingar 1719-1772, i Riksarkivet（以下、R 2441 i RA）; Birgitta Ericsson, "Stockholms storborgerskap och intressespelet kring produktplakatet," i Herman Schück (red.), *Studier i äldre historia* (Stockholm: Minab/ Gotab, 1985), ss. 301-312.
11 Sverige Kungl. Maj:t, 1724, i RB; Sverige. Kungl. Maj:t Kongl. Maj:ts Förklaring, Öfver Förordningen af den 10 Nov. 1724, angående de Främmandes Fahrt på Swerige och Finland. Gifwen Stockholm i Råd-cammaren den 28. februarii, åhr 1726 i Riksbibliotek（以下、Sverige Kungl. Maj:t, 1726 i RB）。
12 なお、同時代におけるスウェーデン王国における統合のあり方は近年の「礫岩国家論（Conglomerate State）」を参照されたい。詳しくは、以下の研究を参照。Harald, Gustafsson, "The Conglomerate State: A Perspective on State Formation in Early Modern Europe," *Scandinavian Journal of History* 23 (3), (1998), pp. 189-213. 近藤和彦「礫岩政体と普遍君主：覚書」『立正史学』113 (2013), 25-42 ページ；佐々木真, 古谷大輔「フォーラム　近世史研究の現在と「礫岩のような国家への眼差し」」『西洋史学』257 (2015), 58-68 ページ；古谷大輔「歴史的ヨーロッパにおける「礫岩のような国家」への眼差し」『歴史評論』787 (2015), 27－37 ページ；古谷大輔「バルト海帝国の集塊と地域の変容－スコーネの編入とスコーネ貴族の戦略」古谷大輔、近藤和彦（編）『礫岩のようなヨーロッパ』（山川出版社、2016 年）, 136-157 ページ。
13 グスタフ・アドルフの軍事制度については、例えば以下の文献を参照。古谷大輔「近世スウェーデンにおける軍事革命：初期ヴァーサ朝期からグスタヴ 2 世アードルフ期におけるスウェーデン軍制の展開」『大阪大学世界言語研究センター論集』3 (2010), 1-28 ページ。
14 入江幸二『スウェーデン絶対王政研究』（知泉書館、2005）、17-28 ページ。五大官職は、内政と外交を司る宰相（Rikskansler）、司法を司る大法官（Riksdrots）、財政を司る財務総監（Riksskattmästare）、陸軍を司る陸軍元帥

(Riksmarsk)、海軍を司る海軍総督（Riksamiral） で構成される。顧問会議については、1614 年にスヴェーア高等裁判所（Svea hovrätt）、1618 年に財務顧問会議（Kammarkollegium）、1626 年に官房（Kanslikollegium）、1634 年に陸軍顧問会議（Krigskollegium） と海軍顧問会議（Amiralitetskollegium）、1637 年に鉱務顧問会議（Bergskollegium）、1651 年に商務顧問会議 （Kommerskollegium）、1655 年に王領地回収顧問会議（Reduktionskollegium） の8つである。

15 入江、『スウェーデン絶対王政研究』、28-36 ページ。なお、便宜上、本稿では身分制議会と訳し分けることなく、"Riksdagen" を「王国議会」の訳語に統一する。

16 なお、13港湾都市は、ストックホルム（Stockholm）、カルマル（Kalmar）、ニャ・ルードゥーセ（Nya Lödöse）、ユーテボリ（Göteborg）、スーデルシューピン（Söderköping）、ノルシューピン（Norrköping）、ニーシューピン（Nyköping）、ヴェステルヴィーク（Västervik）、スーデルテリエ（Södertälje）、イェブレ（Gävle）、オーボ（Åbo）、ヴィボリ（Viborg）、レヴァル（Reval） である。根本聡「近世スウェーデンの都市計画と商業政策－グスタヴ・アドルフとストックホルムの首都化構想」斯波照雄・玉木俊明編『北海・バルト海の商業世界』（悠書館, 2015 年）、302-305 ページ。

17 なお、ボスニア海域商業強制は 1765 年に廃止された。根本「近世スウェーデンの都市計画」304 ページ。

18 Heckscher, *Sverige ekonomiska historia*, s. 253. Leos Müller, *The Merchant Houses of Stockholm, c. 1640-1800: A Comparative Study of Early-Modern Entrepreneurial Behavior* (Uppsala: Uppsala University, 1998), pp. 43-44.

19 根本「近世スウェーデンの都市計画」305-306 ページ。

20 Leos Müller, "Swedish Shipping Industry: A European and Global Perspective, 1600-1800," *Journal of History for the Public* 6, (2008), pp. 31-35.

21 なお、技術的な観点はリェージュ出身者によって提供された。玉木『北方ヨーロッパの商業』、148 ページ。

22 玉木『北方ヨーロッパの商業』、148 ページ。例えば、鉄や銅の輸出を担ったモンマ家やグリル家などについては、Müller, *The Merchant Houses*. を参照せよ。

23 Müller, *The Merchant Houses*, p. 47.

24 Müller, "Swedish Shipping Industry," p. 32.

25 ただし、この点については、スウェーデン船舶と偽装しているオランダ船の存

在に注意する必要がある。Müller, "Swedish Shipping Industry," pp. 33-34.
26 なお、大北方戦争については、「北方戦争」の呼称をする場合もあるが、本稿では「大北方戦争」に統一する。
27 Karonen, "Coping with Peace after a Debacle," pp. 203-225.
28 Elisabeth Mansén, *Sveriges Historia 1721-1830* (Stockholm: Norsteds, 2011), ss. 27-29.
29 Ericsson, "Stockholms storborgerskap," s. 302.
30 Ericsson, "Stockholms storborgerskap," s. 302.
31 玉木『北方ヨーロッパの商業と経済』224ページ。
32 なお、イングランド側から見たスウェーデン産鉄の輸入に関する問題については、以下の文献を参照せよ。日尾野裕一「一八世紀前半ブリテンの北米植民地産業を巡る言説：勧業と統制」『史観』173 (2015), 71-91ページ などを参照。
33 Leos Müller, *Consuls, Corsairs, and Commerce The Swedish Consular Service and Long-Distance Shipping, 1720-1815* (Uppsala: Uppsala University, 2004), p. 61.
34 ただし、航海法による直接的な打撃を受けたのはイングランドではなくオランダであった。イングランドの貿易は、基本的にスウェーデンからの輸出品を取引していることがほとんどであったためである。Müller, "Swedish Shipping Industry," p. 37.
35 Ericsson, "Stockholms storborgerskap," s. 303.
36 Ericsson, "Stockholms storborgerskap," s. 303.
37 Ericsson, "Stockholms storborgerskap," ss. 303-304.
38 Eli F. Heckscher, *Ekonomisk Historiska Studier* (Stockholm: Albert Bonnier, 1936), ss.184-185.
39 15/02/1723, R 2441 i RA.
40 出席した市民代表者の所属都市は以下の通り。ストックホルム（Stockholm）、ノルシューピン（Norkiöping）、ユーテボリ（Göteborg）、オーボ（Åbo）、ニーシューピン（Nyköping）、カールスハムン（Karlshamn）、ヴァルベリ（Varberg）、ハルムスタッド（Halmstad）、ウッデヴァーラ（Uddevalla）の9都市、その他非ステープル都市からスンスヴァル（Sundsvall）、ボルゴ（Borgo）、ガムラ・カーレヴィー（Gamla Carleby）の3都市から代表者が参加している。なお、ストックホルムのみ3名出席している。

41 19/02/1723, R2441 i RA.
42 Heckscher, *Ekonomisk historiska studier* ss. 186-187.
43 Ericsson, "Stockholms storborgerskap," s. 305.
44 Ericsson, "Stockholms storborgerskap," s. 307.
45 Ericsson, "Stockholms storborgerskap," s. 307.
46 Ericsson, "Stockholms storborgerskap," s. 307.
47 Ericsson, "Stockholms storborgerskap," s. 308.
48 押収の訳語については、以下の文献を参照のこと。萩原金美「スウェーデン法訳語集（1）（小原喜雄先生、清水誠先生、萩原金美先生退職記念号）」『神奈川法学』37（2・3）（2005）、23ページ。
49 Wi FRIEDRICH med Guds nåde Sweriges Giötes och Wendes Konung x. x. x. Giöre witterligit att som Wi i anledning af den Oss åliggande omsorg för Wåre trogne Undersåtares wälfärd i nåder äro benägne at befordra alt hwad som till deras förkofran i en eller annan måtto tiena kan; Och Wi ibland annat befinne att Skiepss-Rederierne och deras underhielpande äro at skatta för ett af de säkraste medel til Wårt Rikes och hwars och ens i synnerhet därunder beroende Wälmågo; Altså hafwe Wi i nådigt öfwerwägande däraf samt uppå Riksens Ständers wid nästledne Riksdag giorde underdånige förställning för godt funnit at förordna som Wi och medelst detta Wårt öpne påbud allmänneligen stadge och förordne at med de fremmandes Fahrt på Swerige och Finland ifrån tilkommande åhrs begynnelse således kommer at förhållas nemligen: at de Fremmande med egne eller befracktade utlänndske Fahrtyg wid Confiscation af Skiepp och Gods Helften til Oss och Cronan och Helfften til Beslagaren icke måge hitföra andra än deras egne Lands-Producter, hwarunder begripes alt hwad i hwart och ett Land faller wärer och tilwärkas jemwäl och hwad samma Nationer hämta ifrån deras egne Colonier, Plantager och Handels-Platsser; dock det så kallade Maj-Saltet därunder icke begripit såsom hwars införsel i Riket i gemen aldeles härmed warder förbudit. Wi befalle fördenskul Wårt och Riksens Commercie- Collegium, samt Wederbörande Tullbetiente at hålla en alfwarsam hand däröfwer at denne Wår nådige Förordning till alla delar må behörigen blifwa efterlefwad och i ackt tagen. Här alle som wederbör hafwa sig hörsammeligen at efterrätta. Til yttermera wisso hafwe

第 3 章　スウェーデン航海法構想をめぐる「諸身分」の関係　95

　　　Wi detta med egen Hand underskrifwit och med Wårt Kongl. Sigill bekräfta låtit. Stockholm i Råd-cammaren den 10. Novembris 1724. Sverige. Kungl. Maj:t, 1724, i RB.
50　Sverige. Kungl. Maj:t, Urrika Eleonora, D.Y., Drottning av Sverige Kongl. Maj:ts nådige Förordning Angående Salthandelen. Stockholm i Rådcammaren den 27. julii. 1731, i Riksbibliotek.
51　Ericsson, "Stockholms storborgerskap och intressespelet," s. 308.
52　Ericsson, "Stockholms storborgerskap och intressespelet," s. 309.
53　Ericsson, "Stockholms storborgerskap och intressespelet," s. 309.

【参考文献】

1. 一次史料

[未刊行史料]

Riksarkivet（=RA）

SE/RA/6122/3/R 2441

Frihetstidens utskottshandlingar 1719-1772.

[刊行史料]

Riksbibliotek（=RB）

Sverige. Kungl. Maj:t Kongl. Maj:ts Nådige Förordning Angående De Fremmandes Fahrt på Sverige och Finland. Dat. Stockholm i Råd-Cammaren den 10. Nov. 1724.

Sverige. Kungl. Maj:t Kongl. Maj:ts Förklaring, Öfver Förordningen af den 10 Nov. 1724, angående de Främmandes Fahrt på Swerige och Finland. Gifwen Stockholm i Råd-cammaren den 28. februarii, åhr 1726.

Sverige. Kungl. Maj:t, Urrika Eleonora, D.Y., Drottning av Sverige Kongl. Maj:ts nådige Förordning Angående Salthandelen. Stockholm i Rådcammaren den 27. julii. 1731.

2　二次文献

[欧語文献]

Carlén, Stefan "An Institutional Analysis of the Swedish Salt Market, 1720-1862," *Scandinavian Economic History Review* 42 (1), (1994), pp. 3-28.

Carlén, Stefan *Staten som marknadens salt: en studie i institutionsbildning, kollektivt handlande och tidig välfärdspolitik på en strategisk varumarknad i övergången mellan merkantilism och liberalism 1720-1820* (Stockholm: Stockholm University, 1997).

Ericsson, Birgitta "Stockholms storborgerskap och intressespelet kring produktplakatet," i Herman, Schück (red.), *Studier i äldre historia* (Stockholm: Minab/ Gotab, 1985), ss. 301-312.

Gustafsson, Harald "The Conglomerate State: A Perspective on State Formation in Early Modern Europe," *Scandinavian Journal of History* 23 (3), (1998), pp. 189-213.

Heckscher, Eli F. *Ekonomi och historia* (Stockholm: Bonniers Boktryckerl, 1922).

Heckscher, Eli F. *An Economic History of Sweden* (Cambridge: Harvard University Press, 1954).

Högberg, Staffan *Utrikeshandel och sjöfart på 1700-talet. stapelvaror i Svensk export och import 1738-1808* (Lund: Berlingska Boktryckeriet, 1969).

Karonen, Petri "Coping with Peace after a Debacle. The Crisis of the Transition to Peace in Sweden after the Great Northern War (1700-1721)," *Scandinavian Journal of History* 33 (3), (2008, November), pp. 203-225.

Magnusson, Lars *An Economic History of Sweden* (London/ New York: Routledge, 2000).

Mansén, Elisabeth *Sveriges Historia 1721-1830* (Stockholm: Norsteds, 2011).

Müller, Leos *The Merchant Houses of Stockholm, c. 1640-1800: A Comparative Study of Early-Modern Entrepreneurial Behavior* (Uppsala: Uppsala University, 1998).

Müller, Leos *Consuls, Corsairs, and Commerce The Swedish Consular Service and Long-Distance Shipping, 1720-1815* (Uppsala: Uppsala University, 2004).

Müller, Leos "Swedish Shipping Industry: A European and Global Perspective, 1600-1800," *Journal of History for the Public* 6 (2009), pp. 30-47.

［邦語文献］

入江幸二『スウェーデン絶対王政研究』（知泉書館，2005）。

近藤和彦「礫岩政体と普遍君主：覚書」『立正史学』113（2013）、25-42ページ。

佐々木真、古谷大輔「フォーラム　近世史研究の現在と「礫岩のような国家への眼差し」」『西洋史学』257（2015）、58-68ページ。

玉木俊明『北方ヨーロッパの商業と経済—1550-1815年』（知泉書館，2008）。

根本聡「近世スウェーデンの都市計画と商業政策—グスタヴ・アドルフとストックホルムの首都化構想」斯波照雄・玉木俊明編『北海・バルト海の商業世界』（悠書館、2015年）、302-305ページ。

萩原金美「スウェーデン法訳語集（1）（小原喜雄先生、清水誠先生、萩原金美先生退職記念号）」『神奈川法学』37（2・3）（2005）、1-67ページ。

日尾野裕一「一八世紀前半ブリテンの北米植民地産業を巡る言説：勧業と統制」『史観』173（2015）、71-91ページ。

古谷大輔「近世スウェーデンにおける軍事革命：初期ヴァーサ朝期からグスタヴ2世アードルフ期におけるスウェーデン軍制の展開」『大阪大学世界言語研究センター論集』3（2010）、1-28ページ。

古谷大輔「歴史的ヨーロッパにおける「礫岩のような国家」への眼差し」『歴史評論』787（2015）、27-37ページ。

古谷大輔、近藤一彦『礫岩のようなヨーロッパ』（山川出版社，2016）。

第 4 章

改革直前期のプロイセン将校団：
"年功序列制"の実態

大 藤 慎 司

はじめに

　1806 年にイエナ・アウエルシュタットで敗北したプロイセン軍への評価は厳しく、その敗北の原因は、プロイセン将校団の高齢化とそれを生んだ年功序列制度にある、とこれまでの研究はその成立以来述べている。シャルンホルスト率いる軍隊再編委員会によるプロイセン軍制改革は、将校団における身分的特権の廃止と業績原理の採用・専門職としての将校養成機関の設立を行った。以上がこれまでのプロイセン軍制改革研究における、将校団改革の通説である。

　この論は、1962 年、Karl Demeter がプロイセン将校団の高齢化を指摘し、さらに同年、MGFA の研究にて、Rainer Wohlfeil と Gerhard Papke が年功序列（Ancienniät）が 18 世紀前半以来、プロイセン軍の昇進の原則であると示したことに基づいている。これらの研究に基づく見解は、現在でも変わっていない[1]。

　しかし、年功序列が現れているはずのプロイセン軍の士官名簿は年功序列

を否定しているとしかいえない数字をその士官の年令と軍歴に並べている。士官の序列は、基準となるはずの年齢・軍歴と符合せず、年功序列の前提である終身雇用の状態に置かれている将校は全体の三分の一程度でしかない。士官名簿には、年齢・軍歴がバラバラの士官たちを、先に任じられたものを後に任じられたものに優越させて配する先任制を見ることができるのみである。

それでは、軍隊再編委員会が廃そうとした年功序列とは何だったのか。プロイセン軍が年功序列を採用していないならば一体どのような序列基準を採用し、そこにプロイセン将校のどんな姿を見ることができるのか。はたして、改革の対象となったプロイセン将校団はどのような将校の集まりだったのか。

本稿は士官名簿を精査する上で生じたこれらの疑問点を追求しようとする試みである。士官名簿の記載に基づくならば、改革の対象となったプロイセン将校団の実態は、これまでの研究が示すものとは違うのではないかという問題意識のもとに、軍制改革直前期のプロイセン将校団の姿を、多少なりとも明らかにすることを目的とする。この目的を達成するために、筆者は通説の起点であるプロイセン軍の士官名簿に立ち返り、統計的手法を用いてそれを検証する[2]。年功序列が完全に、あるいは不完全に守られている、さらには守られていないにせよ、指標として数値を示す必要があると感じたからである。

1 プロイセン将校団における序列と昇進

年功序列とは官公庁、企業などにおいて、勤続年数・年齢に応じて役職・賃金の上昇をおこなう人事制度・慣習を指す。加齢とともに技術・能力の蓄積がおこなわれ、それが組織に好影響を与えるとする考え方に基づいており、個人の能力・実績にかかわらず年数のみで評価する仕組み一般を称する

第4章　改革直前期のプロイセン将校団

こともある。

　プロイセン将校団にとっての年功序列制度は、「軍隊というもっとも序列の厳しい集団の中で、貴族が自らの名誉心を損ねることなく、社会的に同じ地位にあるものに服従するためには、この原理が必要とされた[3]」としてナポレオン戦争まで続けられたが、年功序列による、将校の高齢化がイエナ・アウエルシュタットの戦いにおけるプロイセン軍の敗北原因の一つであるされ、フランス軍に対して勝利できる軍隊を作るためには、業績原理に基づく士官任用制度を採る必要があるとの軍制改革派の主張に基づき、軍制改革に際して業績原理への転換が図られた、とされている。

　しかし、デメター、ヴォールファイル、パプケらの研究において、士官名簿に対して年功序列の実施が確認されたとは言えない。年功序列制度の採用意図・意思や制度に関する史的な流れは確認できるものの、制度が実施されていたかの確認がなされていないのである。研究に用いられた士官名簿も本論文に関係する年代のものとしては、1806, 13、15年次のみとなっており、年功序列を主張するために必要な、昇進の実施が年齢・軍歴に基づくかの確認はなく、辛うじて各階級から次の階級に昇進するまでに必要な年数の範囲や、ザイドリッツを例とした昇進の年表などがあるのみである[4]。

　それでは、まず先行研究の以上のような欠失を補うため、まず士官名簿に基づき、序列が年齢・軍歴によるものなのかを確認する。

　図1は1804年次のプロイセン軍歩兵科の士官名簿の1頁目である。プロイセン王国が発行する『士官名簿 Rangliste der Konigl: Preussischen Armee』は、プロイセン軍の配置・戦闘序列・配属将校などを記した編制順表（Stammliste）と、元帥から少佐までの士官を兵科別に序列付けた士官名簿（Rangliste）からなる[5]。

　特に注目すべきは士官名の左欄に、各階級ごとに1から序列がつけられている所で、これは同階級内での指揮権継承順位を表している。軍隊においては、戦闘中の指揮官の戦死は当然想定されるべきことであり、指揮権を引

図1　1804年次プロイセン軍士官名簿（歩兵科・抜粋）

No.	Namen.	Datum des Patents. Monat. J.	Was für ein Regiment sie haben.	Vaterland.	Das Alter.	Zeit der Dienste.	Schwarzer Adlerorden, rother Adlerorden, und Orden pour le Mérite.
	Gen. Feldmarschall.						
1	Herzog von Braunschweig	1 Jan. 87	Musquetier	Braunschweig	68	31	1759.
2	v. Möllendorff	17 Aug. 93	desgl.	Priegnitz	79	64	1779.
3	Kurfürst von Hessen	12 Febr. 97	desgl.	Cassel	61	27	1785.
	Gen. v. d. Infanterie.						
1	Prinz Ferdinand v. Preußen	30 Jul. 67	Musquetier	Brandenburg	73		Schw. Adlerorden, auch Heermeister des Johanniterordens.
2	Pr. Joh. Georg v. Anh. Dess.	22 Mai 98	von der Armee	Dessau	56		1789.
3	v. Courbiere	23 — —	Musquetier	Holland	71	60	1802.
4	v. Colong	25 — —	f. Ob. Kr. Coll.	Curland	80	61	1798 R. A. O.
5	v. Brünneck	26 — —	Musquetier	Preußen	77	60	1798.
6	Fürst zu Hohenlohe	28 — —	desgl.	Hohenlohe	57	37	1799.
7	v. Favrat	20 — 801	desgl.	Savoyen	74	47	1796.
8	v. Kleist	22 — 802	desgl.	Pommern	69	49	1800.
	Gen. Lieut. v. d. Infant.						
1	v. Pirch	3 Jan. 95	Musquetier	Cassuben	70	46	1800.
2	v. Owstien	4 — 96	desgl.	Schwed. Pommern	68	53	89 bei der Revü. 1798 R. A. O.
3	v. Geusau	8 — —	f. Ob. Kr. Coll.	Thüringen	69	53	1793 R. A. O.
4	Erbprinz v. Nassau-Oranien	2 — 98	von der Armee	Holland	32	7	1787.
5	Graf v. Lusi	20 Mai —	desgl.	Cephalonien	63	47	89 bei Potsdam. 1800 R. A. O.
6	v. Grevenitz	25 — —	Musquetier	Altmark	73	58	91 bei Potsdam. 1798 R. A. O.
7	v. Klux	27 — —	f. Ob. Kr. Coll.	Ober-Lausitz	75	58	89 bei der Revü.
8	v. Meerkatz	28 — —	Gen. Insp. d. Artill.	Brandenburg	74	57	1799 R. A. O.
9	v. Schladen	31 — —	Musquetier	Magdeburg	74	60	79 bei Neustadt, 1799 R. A. O.
10	Graf v. Kunheim	1 Jun. —	desgl.	desgl.	72	56	89 bei der Revü. 1802 R. A. O.
11	v. Rüts	2 — —	desgl.	desgl.	69	51	1802 R. A. O.
12	v. Voß	20 Mai —	Jägerregiment	Gotha	70	47	92 in Champagne.
13	Prinz Ludwig Ferdinand v. Preußen	21 — —	Musquetier	Berlin	31	15	1786.
14	v. d. Lahr	22 — —	Mineur	Brandenburg	71	51	93 vor Mainz.
15	v. Rüchel	23 — —	Regiment Garde	Pommern	50	34	1802. Auch Hessischen Löwen-Orden.
16	v. Puttkammer	24 — 800	Musquetier	desgl.	76	55	88 in Berlin. 1802 R. A. O.
17	v. Götze	26 — —	desgl.	Altmark	61	46	87 in Holland. 1792 R. A. O.
18	v. Manstein	21 — 801	desgl.	Preußen	62	47	78 bei Weiskirch. 1802 R. A. O.
19	v. Larisch	22 — —	desgl.	Schlesien	70	53	89 bei der Revü. 1803 R. A. O.
20	v. Thile	23 — —	desgl.	desgl.	61	17	1802 bei der Revü.
21	v. Steinwehr	24 — —	desgl.	Neumark	71	54	78 bei Weiskirch.

継ぎ問題なく戦闘を継続するため、事前に同階級内でも序列付けを行っているのである。また、この指揮権継承の順位はそのまま同階級内での上下を意味している。つまり、プロイセン将校団において年功序列が実施されているか否かは、この指揮権継承順位と年齢・軍歴が相関しているのかを確認しない限り、証明したことにならないということになる[6]。

　図1によると、同階級内における序列はその階級に任じられた者を、その昇進年月日を基準として上位とする先任順となっており、これが年齢、あるいは軍歴の順に符合するかどうかが、年功序列制の採用如何を示すことになるだろう。また、それとともに昇進が年齢・軍歴を基準として実施されているかについても確認の必要がある。

　ここでは先任制を「その階級に任じられた年月日を基準とする序列・昇進体系」とし、年功序列制を「年齢もしくは軍歴を基準とした序列・昇進体系」と定義した上で検証を進めることとする。もちろん、年功序列制の前提である終身雇用制が守られていれば、自然と年齢・軍歴と序列・昇進は同期とすることとなる。その場合は、先任制に基づく昇進・序列の体系であろうと、年功序列制と言っても構わないであろう。

　まず筆者は入手できた名簿のうち、近接している1802年と1804年、1785年と1786年の名簿を比較検証し、昇進が年齢・軍歴によるかを確認した。昇進は少佐から中将までについては同階級内での指揮権継承順位の高い者から、退役する者を除いた順におこなわれている。人数は1年辺り将官で1-3名、佐官で5-10名ほどが各階級で昇進する。年齢・軍歴は爵位を持っている者を例外とすれば、ある程度のまとまりこそあるものの、年功序列に見られる年齢順・軍歴順ではなく、あくまで昇進の年月日を基準とした先任制で昇進がおこなわれている。これまでの通説が指摘している全体的な高齢化こそ確認できるが、それが年功序列によるものかについては名簿を見る限り言えず、むしろ高齢化については、先任制によって昇進までの年月に時間を要してしまうことや、少佐になった段階で4、50代に達してしまう、尉官段階

での昇進に問題があると見ることができる[7]。

次に将校団全体において、年齢と軍歴がどこまで指揮権継承順位と関係があるかを見るため、統計における相関係数による分析をおこなった。相関係数とは2つのデータ群に関連性がある、もしくはないことを測る指標である。-1から+1までの絶対値をとり、正の値の場合も負の値の場合も、相関係数が-1、もしくは+1に近い数値を示せば、2つのデータ群の間の関連性が強いということになる。また、相関係数を二乗することで得られるのが原因系の変数xが結果系の変数yにどの程度影響を与えているかを示す寄与率で、影響の度合いを百分率で表すことができる。ここでは変数xを指揮権継承順位とし、変数yを年齢・軍歴として士官名簿の記載内容を元に相関係数・寄与率を算出した。なお、計算には表計算ソフト『Openofice.org Calc』を用い、相関係数を算出するCorrel関数を用いた。方程式と指標は以下の通りである。

表1:相関係数の方程式及び係数・寄与率の指標

$$Correl(X,Y) = \frac{\sum(x-\bar{x})(y-\bar{y})}{\sqrt{\sum(x-\bar{x})^2 \sum(y-\bar{y})^2}}$$

そして、これを1785年、および1804年次の士官名簿に適用した結果が以下の表2である。また、実際にどの程度、年齢・軍歴と指揮権継承順位(序

相関係数 r	寄与率 r^2	相関の強さ
0	0	なし
0<r ≦ ± 0.45	0<r^2 ≦ 0.2	殆どなし
± 0.45<r ≦ ± 0.63	0.2<r^2 ≦ 0.4	弱い相関あり
± 0.63<r ≦ ± 0.84	0.4<r^2 ≦ 0.7	相関あり
± 0.84<r ≦ ± 1	0.7<r^2 ≦ 1.0	強い相関あり
± 1	1	完全相関

列）が乖離しているかを散布図で表したのが図2-1〜4である。

表2：1785、1804年次における指揮権継承順位と年齢・軍歴の相関関係（寄与率）[8]

年度	兵科	先任順位／年齢	先任順位／軍歴
1785年	歩兵	0.3523	0.2682
	騎兵	0.4051	0.3145
1804年	歩兵	0.3601	0.2118
	騎兵	0.5596	0.4431

図2-1　1785年次歩兵科における年齢・軍歴と序列の相関

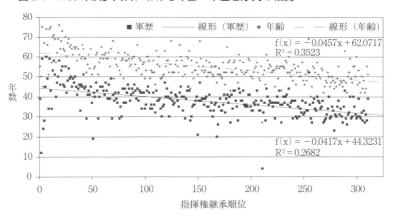

図2-2　1785年次騎兵科における年齢・軍歴と序列の相関

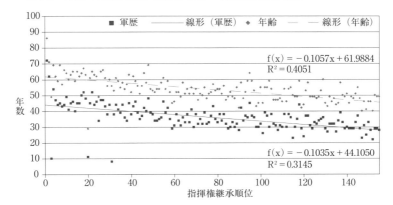

図 2-3　1804 年次歩兵科における年齢・軍歴と序列の相関

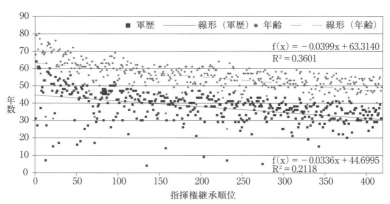

これらの散布図で特に注目したいのは年齢・軍歴双方の値が相関の指標としておいた線形から上下に大きく動いている点である。年功序列が守られているならば、値は線形に集まると同時に、前のx値のy値より、次のx値のy値が低くなり続けねばならないが、そうなってはいない。どの程度この傾向が出ているかを表す寄与率も同様である。プロイセン将校団において、先任制による昇進が確認された以上、年功序列が守られているとするな

図 2-4　1804 年次騎兵科における年齢・軍歴と序列の相関

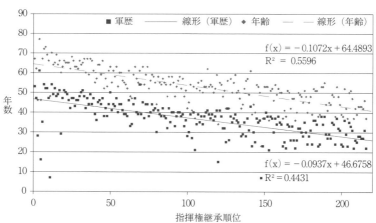

らば寄与率は軍歴、年齢、あるいはその双方で高い数値を示さねばならないが、数値は決して高いとは言えない。相関していると見ることができるのは1804年次の騎兵科の年齢・軍歴のみで、他は弱相関にとどまっている。少佐より中将まで先任制が守られている以上、ある程度数値は高く出なければならないにもかかわらず弱相関しか示せないのでは、指揮権継承順位と年齢・軍歴が相関しているとはいい難いであろう。

　また同時に、少佐より中将まで先任制に基づいた昇進が実施されているにもかかわらず、年功序列を採用していたとは決して言えない分析結果を示すということは、尉官以下の階級において、先任制が採用されていないだろうことが原因ではないかと考えられる。

　何故ならば、軍歴の初期段階から先任制が厳格に適用されていれば、自然と年齢・軍歴が指揮権継承順位に同期する筈であり、すでに見たように、昇進があくまで昇進の年月日を基準としており、年齢・軍歴を基準として実施されていない以上、この結果はプロイセン将校団における年功序列制は存在しない可能性を表しているのであり、かつ、先任制もその適用が少佐から中将までの「限定的」な範囲にとどまるものであれば、尉官以下の階級では別の昇進・序列基準が採られているということになる。このことから、通説が年功序列制の結果と断ずるプロイセン将校団の高齢化は、別に原因があると結論付けなければならなくなる、つまり、通説に基づく改革直前期のプロイセン将校団についてのこれまでの理解は、根本的な再検討を要するのである。

　それでは、何故プロイセン将校団では年功序列を採用しなかった、あるいはできなかったのであろうか。後述するが、年功序列制は決して年齢・軍歴を基準とするだけの単純な制度ではなく、高い評価を受けるだけの価値がある人事制度である。アリストクラシーの強いプロイセンにおいては、将校として任官した貴族たちを忠実に軍務に精励させるためにも必要であったろう。それを明らかにするためにも、先任制の切れ目がどこにあるのか、将校

の勤務状況がどうであったか、任官、退役や再任がどのようにおこなわれていたのかを、士官名簿に見ていく必要がある。

2　昇進と退役

上述したとおり、将校団の少佐から中将までの昇進は、原則として先任制、当該階級に昇進した年月日の早い順となっている。それが少佐以下の階級でも守られているかどうか、少佐以下において年齢・軍歴が序列・昇進に相関しているかを検証したのが下の表3、4である。

分析に際しては有効性の見地から一定以上の母数が必要と考え、1785、1804年次の名簿を用い、毎年10名程度の母数が得られる歩兵科および騎兵科の1778-1785年次、1795-1804年次の合計18年に対し分析を実施した。

高い年次こそあるものの継続性は見られず、概して数値は低いため、昇進と年齢・軍歴に相関性は少ないと言うことが表から理解できる。少佐以下の階級――尉官における昇進において年功序列、あるいは先任制はほとんど機能していないと解釈すべきであり、である以上、プロイセン将校団では、その佐官以上と尉官以下において、その昇進・序列に別個の原理が作用してい

表3：1778-85年 少佐昇進者に見る年齢・軍歴の寄与率[9]

年度	歩兵／年齢	歩兵／軍歴	騎兵／年齢	騎兵／軍歴
1778	0.0196	0.0016	0.2025	0.0400
1779	0.0529	0.0784	0.4225	0.4761
1780	0.0529	0.0001	0.2890	0.0100
1781	0.6250	0.6250	0.0016	0.0001
1782	0.0025	0.0000	0.0144	0.0004
1783	0.0036	0.0484	0.3136	0.0784
1784	0.0784	0.1156	0.3249	0.2025
1785	0.2209	0.1521	0.4356	0.0196

第4章 改革直前期のプロイセン将校団　109

表4：1795-1804年 少佐昇進者に見る年齢・軍歴の寄与率[10]

年度	歩兵／年齢	歩兵／軍歴	騎兵／年齢	騎兵／軍歴
1795	0.0288	0.0002	0.3242	0.3634
1796	0.3277	0.0388	0.0667	0.1600
1797	0.0051	0.0005	0.0243	0.0324
1798	0.1305	0.0230	0.0012	0.0466
1799	0.1305	0.0230	0.2282	0.2041
1800	0.0020	0.0025	0.0778	0.0906
1801	0.0835	0.0328	0.0364	0.0265
1802	0.0047	0.0033	0.0047	0.0033
1803	0.0458	0.0397	0.0619	0.0829
1804	0.0000	0.0514	0.3074	0.3074

ると見なければならない。確かにプロイセンは、年功序列制を採用したかったかもしれない。しかし、現実の将校団が年功序列を採用していた場合にあるべきものとは全く異なる様相を呈している以上、改革の直前期までの期間において、年功序列制をプロイセン軍は採用していなかった、あるいは"これから"採用する予定だった可能性が高いと結論付けなければならない[11]。

それでは次に退役の傾向を見ることで、この少佐から中将という限定的な幅でのみ実施されていた先任制に、どれほどの将校が服していたを見てみることとしよう。将校が概ねどのあたりの階級を自分の最終階級としていたかを見れば、先任制に与っていた者達が、全体のどれくらいかをおおよそ知ることができるだろう。これを明らかにするため、士官名簿内の退役者の記載に基づいて退役者傾向を示したのが図3である。

これを見ると、プロイセン軍の退役者は将軍以外では、大佐・少佐・大尉（1790年度名簿においては騎兵大尉・上級大尉・上級中尉など大尉相当の階級）・少尉の4階級で集中的に発生しており、少佐昇進までに年齢・軍歴の寄与が見られないことを鑑みると、プロイセン将校団のほとんどのものたち

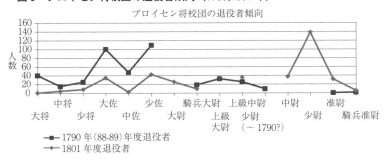

図3：プロイセン将校団の退役者傾向（1790,1801年）[12]

(*1790年度と1801年度では将校の階級が改定され異なっている)

は、年功序列制、あるいは先任制による昇進を経験しないまま、軍を離れていくのである。先任制は、少佐以上に昇進の途が得られる"エリート"にのみ適用された、限定的な制度であったことが分かるだろう。年功序列、あるいは先任制は、プロイセン将校にとり、上級将校になれなければ出くわすことのない人事制度であり、これまでの通説は、適用範囲、適用実態のみならず、適用数においても成立しえないことはこれで明らかであろう。

3　離任と再任

筆者は上述の分析からプロイセン将校団における年功序列の実施はないと結論した。しかし、それでは何故、プロイセン将校団は年功序列制が実施できなかったのであろうか。士官名簿の内容に立ち返ると、将校の年齢と軍歴の間に大きな差異——"離任年数"が生じていることが分かる。まず単純に、士官名簿に所収されている元帥から少佐までの者達の、年齢から軍歴を引いた数の最大と最小を示したのが次の表5である。

まず最小値10であるが、これは終身雇用状態にある士官の軍歴が10歳から開始されていることを示している。士官学校入学はおおよそ12歳頃を目処としているが、10歳は早めの入学と考えて差し支えないだろう。また入

第4章　改革直前期のプロイセン将校団　111

表5　1785/1804年名簿における「年齢－軍歴」の最大・最小・平均値[13]

年度	最大値	最小値	平均
1786	49	10	18.35
1804	57	10	17.72

学が12歳であるということは、最大値から12を引いた数が離任年数の最長記録を意味し、同様に平均から12を引いた数が平均的な、おおよその離任年数と考えて良いことを示している。つまり、プロイセンの将校団では、終身雇用のもとにある将校とともに、臨時、あるいは一定以上の期間、軍務を離れる将校が混在する勤務状態にあったことになる。

さらに、プロイセン軍ではフリードリヒ・ヴィルヘルム一世以来、貴族の外国軍隊における仕官を禁じていること、プロイセン軍では士官は、通例、12歳から6年間士官学校に通った後に任官することを合わせて考えると、士官名簿に記載されている軍歴の欄の数字は、その士官が士官学校に入営した直後より記録されていること、純粋にプロイセン軍における軍歴のみが記録されていることになる[14]。

であれば、プロイセン将校団全体において、この一定期間以上軍務を離れる将校たちは将校団全体のどれ程を占めたのであろうか。士官名簿に基づいて1785年、1804年次の離任年数の佐官以上の士官全体における状況を示したのが、次の図4、5である[15]。

プロイセンは1756-63年に七年戦争を、1778-79年にバイエルン継承戦争を戦っている。戦争における戦傷によって1年ほどの一時離任を経験する可能性を鑑み[16]、離任年数0、および1-3年の者を終身雇用状態にあると解釈しても、実に佐官以上の将校の3分の2以上が4年以上の離任を当然とする勤務形態にあることを図3、4は示している。

さらに名簿を精査すると、離任から戻り、将校として旧階級に再任されているケースが多く確認できる。例えば1804年に軍に復帰した"第3マスケッ

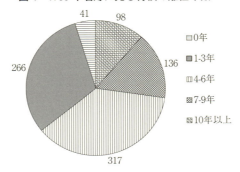

図4　1785年名簿に見る将校の離任年数

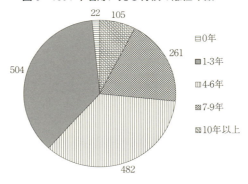

図5　1804年名簿に見る将校の離任年数

ト大隊[17"]少佐、フォン・マントイフェル v.Manteuffel（49歳, 軍歴36年）の場合、少佐に昇進した1799年7月30日の日付に基づき、同年7月24日に少佐に昇進した v.Rummel（68歳、軍歴52年）の次、指揮権継承順位85位に復帰している。なお、86位は v.Görschen（59歳、軍歴44年、1799年8月1日付昇進）である。こうした例はマントイフェルだけにとどまるものではなく、士官名簿のあちこちに多く見られる。1785/86年においては歩兵科で11名、騎兵科で11名の合計22名。1802/04年においては、歩兵科で4名、騎兵科で17名、その他兵科で35名の合計56名が確認できる[18]。つまり、プロイセンにおいて将校は、何らかの理由があれば将校を一時退役することが可能であり、かつ、軍に戻る際には、旧階級に自身の昇進年月日に基

づく指揮権継承順位を以って復することができるのである。

　年功序列制はその公正な実施のために、勤務する者の終身雇用を前提とする。しかし、この２つの図と士官名簿は、プロイセンにおける将校の終身雇用がフリードリヒ大王時代の末においても、その後においても貫徹されていないことを示している。将校団の序列が年齢・軍歴と相応せず、昇進が年齢・軍歴に基づいて実施されておらず、また退役者の傾向からして先任制に与る将校の数が限定されており、さらに年功序列の前提となる終身雇用すら貫徹されていないとなれば、プロイセン将校団において、通説に言うような年功序列制は存在しないと言わざるをえない。プロイセン将校団に存在するのは、少佐から中将までの上級指揮官を範囲とする限定的な先任制のみであり、通説が指摘する高齢化こそ確認できるものの、年功序列制が存在しない以上、それは決して、年功序列制によって形成されたものではないのである。

おわりに

　プロイセン将校団をその士官名簿に基づき、統計的に分析した結果、年齢・軍歴を基準とする年功序列制は、これまでの通説とは異なり存在しないもの、たとえ法令・法文化として存在したとしても、実態を伴わないもの、あるいはきわめて限定されたものであったということが言えるだろう。

　改革直前期のプロイセン将校団に存在したのは、現在、主にアメリカ・カナダで採用されている勤続年数を基準とする先任権制度ともまた違う、任命された年月日のみに基づく先任制度であり、プロイセン将校はその指揮権継承順位を将校を離任した後も保持し、何らかの事由あればまた離任前の階級・指揮権継承順位を保証された上で将校職に復帰し、かつ多くの将校がそれを当然の行為としておこなっていたのである。

　さらに、上級将官においては身分が重要な要素となっていること[19]、尉官

においてはほとんど年齢・軍歴が用を為していないことを考え合わせるなら、これまで年齢・軍歴の長さのみによって将校団における人事が為され、それがもたらした高齢化の故にイエナ・アウエルシュタットでの敗北を避けえなかったとするプロイセン軍制改革における将校団についての議論において、その将校たちの性質や実情には検討の余地が大いに存在すると言わねばならないだろう。プロイセン将校団が今までの通説と異なる存在である以上、これまでの軍制改革論において認識されている将校団への理解や、将校団の改革の理解・解釈も、今までの通説とは異なる可能性が大きくあるからである。

また、今回の士官名簿に対する調査は、プロイセン将校団が1786年から1802年の間に、大きな変化を経験したことを筆者に示した。階級、人数構成、兵科、編制、そして平均年齢など、本来ならば軍制改革において変化を迎えるべきポイントに、プロイセン軍は1786年から1802年の間に変化を経験している。その点の更なる調査が、今後の課題となるだろう[20]。

さらに私見を付け加えるならば、年功序列を業績原理から守り、改革を阻んだと軍の保守派を批判する軍制改革に関する論調にも一考の余地を見たい。業績原理は確かに将校団の活性化を見込めるかもしれない。しかし、年功序列に長所がないと見るのは誤りで、むしろ個人の能力評価に時間をかけ、短期的な決着を避け、長期的に競争・選抜をおこなう人事制度と見るのであれば、また同時に、中長期的な組織の安定的な運営を考えるならば、業績原理よりも年功序列の方が組織の人材評価基準として適する場合も存在しうるのである[21]。

また、プロイセン軍の士官名簿が1850年代より"Rangliste"という形式に加え、"Ancientäts-Liste"という形式のものをも加えられる状況を鑑みると、年功序列制度はこの時初めて、プロイセン軍に完全な形で採用されたと見ることもできる。所謂長い19世紀の「将校」における課題の一つが、出身身分間の対立にあるとするならば[22]、身分間対立を「軍歴の長短」という自然的要素によって解消できる年功序列制度は、却って19世紀における

第 4 章　改革直前期のプロイセン将校団

人事制度としては業績原理よりも適している可能性があると見ることもできるのではないだろうか。

〈注〉

1　鈴木直志『広義の軍事史と近世ドイツ』彩流社　二〇一四年、一一一、二二九頁。Militägeschichtliches Forschungsamt（hrsg.）, *Untersuchungen zur Geschichte des Offizierkorps. Anciennität und Beförderung nach Leistung*, Stuttgart, 1962. s.25ff. Karl Demeter, *Das Deutsche Offizierkorps in Gesellschaft und Staat 1650-1945*, Franfurt a.M 1962. s.5f. この通説に則った日本におけるプロイセン将校団についての研究としては他に、丸畠宏太「プロイセン軍制改革と国軍形成への道―――一般兵役制と民兵制導入の諸前提をめぐって」『法学論叢（京大）』一二一巻五号（一）、一九八七年、一二三巻一号（二）、一九九八年。及び棚橋信明「プロイセン改革期における国民軍形成の問題――身分制的編成の克服と市民層の編入」『史学雑誌』百編四号、一九九一年。が挙げられる。またドイツでも、この状況は同様である。Vgl. Gundula Gahlen, Carman Winkel（Hrsg.）, Militär und Gesellschaft in der Frühen Neuzeit 14（2010）Heft 1 Universitätsverlag Potsdam, s.7ff, s.104ff.

2　MGFA が使用したのは Rang- und Quartierliste der Kgl. Preuß. Armee という形式のもので、筆者が収集した限り、このリストは1804年度の士官名簿（Rangliste der Konigl: Preussischen Armee）に所収の編制順表（Stammliste）に類する、管区別の連隊・大隊と配属将校の表を所収したものであり兵科ごとの士官名簿は所収されていない。プロイセン参謀本部による『書誌刊行記録（1878年度版）』によると、士官名簿、編制順表などは1806年までに都合11種類が発行され、入手出来たいくつかを参照すると、連隊の設立以来の歴史、連隊所属の中隊、連隊・大隊・中隊に配属の将校の一覧などが混在し、士官名簿についても今回引用した将校団全体の序列を詳らかにしたものから、単なる名前・階級・叙勲の有無のみの簡略版まで多岐にわたっている。Vgl. Rang- und Quartierliste der Kgl. Preuß. Armee 1824-1827., Königlish Preussischen grossen Generalstabs., *Katalog der Bibliothek*, Berlin 1878. s.358f.

3　鈴木『広義の軍事史と近世ドイツ』、一一一頁。

4　Militägeschichtliches Forschungsamt （hrsg.）, a.a.O., s.26ff., 153ff.

5　本論文に使用した士官名簿は1785, 1786, 1802, 1804年度のものである。

Rangliste der Konigl: Preussischen Armee. 1785, 1786, 1802, 1804.

6 　本論文と似た傾向の著作として、旧日本海軍におけるハンモックナンバーを数学的に分析した以下の著作がある。井上成美伝記刊行会編著『井上成美』井上成美伝記刊行会、1982年、資料篇 二〇四－二〇六頁。

7 　1786年度歩兵少佐昇進者93名中、40代以下で昇進した者は1名のみである。Rangliste der Konigl: Preussischen Armee. 1785, 1786. より算出。

8 　Rangliste der Konigl: Preussischen Armee. 1785, 1804 より作成。1785年次は歩兵は大将から少佐まで合計313名を、騎兵は大将から少佐まで153名を対象とし、1804年次は歩兵は元帥から少佐まで426名を、騎兵は大将から少佐まで215名を対象とした。

9 　Rangliste der Konigl: Preussischen Armee. 1785 より作成。

10 　Rangliste der Konigl: Preussischen Armee. 1804 より作成。

11 　プロイセン参謀本部による『書誌刊行記録（1878年度版）』によると、1856年、1859年にAnciennitäte-Listeという年功序列制に基づくらしき士官名簿が発行されている。筆者は未見だが、名前からして年功序列制はこの年代での採用の可能性がある。書誌情報は以下の通り。Anciennetats-Liste der Generalitat, Stabs- und Subalternofficiere der Preuss. Armée und der Marine durcb aile Waffen. Potsdam 1856, 1859. 8. 2 Bd., Königlish Preussischen grossen Generalstabs., *Katalog der Bibliothek*, Berlin 1878. s.358f

12 　Stammliste aller Regimenter und Korps des Koniglich Preussischen Armee. 1787-1790, 1801 より作成。なお、騎兵大尉・上級大尉・上級中尉の原語はそれぞれ Rittmeister, Premiercapitän, Stabscapitän である。

13 　Rangliste der Konigl: Preussischen Armee. 1785, 1804 より算出。1785年次は、全兵科の少佐以上の者858名を、1804年次は同様に全兵科の少佐以上、1374名を対象とした。

14 　鈴木『広義の軍事史と近世ドイツ』、一一一頁。Heinz Stübig, Bildung, Militär und Gesellschaft in Deutschland, Köln 1994. s.56ff.

15 　Rangliste der Konigl: Preussischen Armee. 1785, 1804 より作成。

16 　Militägeschichtliches Forschungsamt（hrsg.）, a.a.O., s.155., Bernhard von Poten, Seydlitz, *Friedrich Wilhelm Freiherr von. In: Allgemeine Deutsche Biographie*（*ADB*）. Band 34, Duncker & Humblot, Leipzig 1892, S.94-101. にあるザイドリッツの経歴に、戦傷による一時退役後の復帰がある。

17　第3マスケット大隊については以下を参照。鈴木『広義の軍事史と近世ドイツ』、三三二頁、註35。
18　Rangliste der Konigl: Preussischen Armee. 1785, 1786, 1802, 1804. より。
19　1786年次においては歩兵少将32名中3名が爵位保持者であるが、これが大将となると4名中3名に比率が増え、1804年次においては歩兵少将48名中2名が、大将では8名中3名になる。中将、大将への昇進に爵位が絶対の要件ではないとはいえ、爵位を持っていることが強く作用することがわかる。Rangliste der Konigl: Preussischen Armee. 1786, 1804 より。
20　士官名簿を見るだけでも、1786-1802年の間に新兵科として"第3マスケット大隊"が創設され、図3註12に見た士官の階級の改定、兵科の廃止があり、編制順表にも、連隊番号順から管区別、軍団別への記載形式の変更を見ることが出来る。Rangliste der Konigl: Preussischen Armee. 1786, 1802., Stammliste aller Regimenter und Korps des Koniglich Preussischen Armee. 1786, 1787-1790, 1802, 1804.
21　年功序列制度をこのように見る視点を提供している者として、猪木武徳が挙げられる。猪木武徳『自由と秩序』中央公論新社　二〇〇一年、九三－九七頁。
22　Königlish Preussischen grossen Generalstabs., a.a.o., s.358f. 19世紀プロイセンにおける将校団内部の身分差を扱った日本の研究としては、望田幸男『軍服を着る市民たち―――ドイツ軍国主義の社会史』有斐閣、一九八三年。が挙げられる。

第5章

国際裁判における少数者に対する文化的考慮：
米州人権裁判所判例モアワナ共同体事件を中心に

高 崎 理 子

はじめに

　従来、文化的考慮の必要性は国際裁判においてあまり重視されず、法と文化の関係が国際法研究者の分析の中心になることもごく僅かであった。そこには、「文化」は合理的な法的判断には馴染まないだろう、あるいは文化的要素について裁判所が判断をおこなえばパンドラの箱を開けることになりかねない、という懸念があったと思われる。

　しかし、冷戦後、文化の問題は政治や貿易など伝統的な諸問題とともに世界の趨勢に影響を及ぼすようになってきた、と言われるようになった。1990年代の国内紛争の多くは、文化的独自性や少数者の文化的権利の否定が原因であるとの指摘もなされている[1]。また、近年は、国際法の視点から文化に関連するさまざまなテーマを扱う研究が増えてきている[2]。

　確かに、文化的な背景をもつ争いは交渉で解決した方がよいようにも思われるが、そもそもこの種の問題は、話し合いでは容易に決着がつかないため裁判になった可能性が高い。むしろ国際裁判所が事実を評価する際、法的主

張に組み込まれた文化的な要素もできる限り法的議論の俎上にのせて考慮した方が、より説得力のある判決をもたらし、紛争の終局的な解決につながるのではないか。国際法の適用・解釈の一部として文化的要素を考慮することが、事件の性質上必要な場合もあるのではないか。

こうした問題意識に基づき、本稿では、文化的要素はどのように国際裁判で考慮されうるか、という点について考察する。その際、特に国内少数者のうち先住民や少数民族、地域住民に関する事件を検討対象とする。彼らは自然・文化環境の貴重な担い手であり、その文化の保護は集団の構成員のみならず国際社会全体を豊かにすると考えられるからである[3]。

そこで、まず第1節で少数者保護に関する国際文書を概観した後、第2節で少数者に対する文化的考慮の認められる主な国際司法裁判所判例と米州人権裁判所判例を取り上げる。次に、第3節で、米州人権裁判所判例の中でも文化的アプローチの深さが評価されるモアワナ共同体対スリナム事件について検討する。さらに第4節では、同事件判決に個別意見を付したアントニオ・オーガスト・カンサード・トリンダーデ（Antônio Augusto Cançado Trindade）判事[4]の提唱するスピリチュアル・ダメージ概念を紹介し、国際裁判における文化的考慮の今後のあり方について摸索する。

なお、「文化」の定義にはさまざまなものがあるが、本稿では「文化的多様性に関するユネスコ世界宣言」（2001年）の「社会あるいは社会集団に特有の精神的、物質的、知的、感情的特徴の総体であり、芸術・文学に加えて生活様式、共生の方法、価値観、伝統、信念が含まれる」[5]という定義を前提にする。

1 少数者保護に関する国際文書

先住民や少数民族、地域住民などの国内少数者は、従来の国際法学ではほとんど登場することのない主体であったが、第二次世界大戦後、多国籍企業

や非政府組織等と同様、国際法関与者として重要性を増してきている[6]。

少数者保護に関して国際連合で採択された主な文書には、世界人権宣言（1948年）第2条、「あらゆる形態の人種差別撤廃に関する国際条約」（1965年）第2条1項、「経済的、社会的および文化的権利に関する国際規約〔社会権規約〕」（1966年）第2条2項、「市民的および政治的権利に関する国際規約〔自由権規約〕」（1966年）第2条1項、26条、27条がある。

中でも自由権規約の第27条は、「少数者」に属する個人が、その集団の他の構成員とともに自己の文化を享有する権利を保障する。同条の適用対象となる「少数者（minorities）」とは、国連事務総長の『国際人権規約草案註解』によれば、「一国の領域において十分に明確かつ長期にわたり居住する分離別個の集団」であることが含意されている[7]。また、自由権規約人権委員会の一般的意見23（1994年）が、第27条が先住民族に適用されることを認めているため、先住民族は同条の「少数者」に該当するとの解釈が確立している[8]。

なお、先住民族については国際法上の確立した定義はないが、国連人権小委員会に任命された特別報告者マルティネス・コボ（José R. Martinez Cobo）による定義説明が頻繁に引用されてきた。それは、①先住性、②歴史的連続性、③文化的独自性、④被支配性、⑤自己認識、すなわち①当該地域に先に居住し、②そこで先に発達していた社会と現在の自分たちの社会が歴史的につながっていて、③独自の文化を維持・発展させようと決意しており、④現在は被支配的立場にあり、⑤集団への帰属を自ら認識し、そのことを集団からも受け入れられている、というものである[9]。

さらに、法的拘束力のある国際文書として、ＩＬＯ第169号条約（1989年）が挙げられる。適用対象は「先住民族および種族」であり、「先住性」が適用の選択要件とされているため、他の住民より先に当該土地に住み始めた事実を示す証拠のない民族も含まれると解される[10]。また、同条約は第5条において、先住民族および種族の社会的、文化的、宗教的、精神的価値や

慣行を承認・保護し、彼らが集団や個人として直面する問題の性質に十分な考慮を払うべきことを定めている。

では、少数者の文化的背景は国際裁判でどのように扱われてきたか。次節では、文化に理解を示す傾向が読み取れる国際司法裁判所判例と、財産権侵害を認定する際、文化的事情を考慮した主な米州人権裁判所判例を概観する。

2 少数者の文化的事情を考慮した事例

（1） 国際司法裁判所判例

従来、文化的考慮の必要性は国際裁判であまり重視されず、国際法レベルで文化に関連する紛争が裁かれることはめったになかった。世界で最も権威があるとされる国際司法裁判所（以下、ＩＣＪ）においても、文化に対するアプローチには保守的な傾向が認められた[11]。例えば、ヤン・マイエン海域境界画定事件（1993年）では、デンマーク側がグリーンランドの人々の区域に対する愛着を文化的な要因として主張したが、裁判所は考慮すべき要因とは認めなかった[12]。

ところが2000年代以降は、ＩＣＪの文化に対するアプローチに変化が見られる。その例として、国境紛争事件（2010年-2013年）が挙げられる。ブルキナファソとニジェールは、1960年に独立するまでフランス領だったが、旧植民地時代に定められた国境線が不明確なため紛争が発生した。国境付近では遊牧民が暮らしており、国境線が、彼らに深刻な問題（慣習上の移動経路の保持や耕作のため越境しなければならない）を引き起こしていた[13]。ＩＣＪは、両国間で締結された条約（1987年）を踏まえて境界を画定する際、関係住民の文化的事情を考慮し、国境線によって生じる彼らの困難に配慮するようにとの希望を表明している[14]。

また、航行権および関連する権利に関する事件（2005年-2009年）では、

第5章　国際裁判における少数者に対する文化的考慮　123

コスタリカの主張する河岸住民の漁業慣習は当該共同体にとって重要なものであり、商業的なものではなかったという事実が重視された。そして、コスタリカ河岸住民とサンファン川との特別な関係を指摘しつつ、生計のための漁業慣行の存続は慣習法上の権利として、ニカラグアによって尊重されるべきであると判示した[15]。

なお、こうした文化的な考慮をＩＣＪがなしうる法的根拠としては、ＩＣＪ規程第36条1項の文言と趣旨が裁判所の事物管轄権から文化を排除していない点を挙げることができる。よって、同規程第9条が異なる文明形態・法系から判事を選ぶとしているのは、多様性を確保する必要があるという考えの表れであろう。よって、裁判官には、個別の意見（第57条）として、文化的な事柄に対する意見を表明する機会も与えられていると解される[16]。

以上のように、近年のＩＣＪ判例には文化的考慮のおこなわれる事例が少しずつ現れ始めている。とはいえ、ＩＣＪはあくまでも国家間の争いを裁く法廷であるため、当事者の主張や証拠の中に文化的要素の含まれる争訟事件の件数自体がそれほど多くはない。そこで、次に、少数者に対する人権侵害を認定する際、文化的な特殊事情を考慮した事例の散見する米州人権裁判所判例を取り上げる。

（2）　米州人権裁判所判例

政府が共同体構成員との事前協議なしに土地での伐採を許諾したMayagna（Sumo） Awas Tigni共同体対ニカラグア事件（2001年）は、米州人権裁判所判例法において先住民族の土地に対する集団的な財産権が初めて確立した画期的な判決とみなされている[17]。この集団的財産権は、個人の財産権を保障する米州人権条約第21条[18]の発展的解釈により認められたものである。解釈にあたって重視されたのは先住民族と土地との特別な関係であった。

本案判決はいう。土地との密接なつながりは、先住民の共同体にとって単

なる所有と生産の問題ではない。それは、先住民族の文化、精神的生活、完全性、経済的生存のための重要な基盤として認識し、理解されなければならない物質的精神的要素である、と[19]。このように、同判決では、先住民族共同体の文化的アイデンティティを構築する伝統や信念などの特性が考慮されたため、人権侵害の判定において文化的アプローチを中心に据えた点でも画期的であったと評価されている[20]。

また、19世紀末に国家債務返済のために売却された先住民族共同体の土地の返還をめぐるYakye Axa先住民族共同体対パラグアイ事件（2005-2006年）とSawhoyamaxa先住民族共同体対パラグアイ事件（2006年）において裁判所は、先住民の世界観・信心深さ・文化的アイデンティティの精神的物質的基礎が、伝統的土地との特別な関係によって支えられている点を考慮した[21]。

カリナ（Kaliña）族およびロコノ（Lokono）族対スリナム事件（2015年）では、モロウィナ（Morowijne）川が先住民族の文化的アイデンティティにとって不可欠の要素であることや、土地との結びつきが重視された[22]。Xákmok Kásek先住民共同体対パラグアイ事件（2009年）でも、先住民族と土地との密接なつながりが斟酌されている。

以上の事例において、文化的考慮は、米州人権条約第21条に基づき先住民族の集団的財産権を認定する過程でなされた。具体的には、訴訟当事国が批准した条約および国内法の認める権利行使を制限するような解釈を禁ずる規定である第29条（b）項[23]の下、ILO第169号条約第13条[24]や自由権規約第27条を解釈に取り込むことによっておこなわれた[25]。

では、土地との間に特別な関係が認められるものの、一般的な先住民族概念には該当しない場合はどうか。第3節では、先住性の要件の欠けるモアワナ共同体の事件に焦点をあてる。

3 モアワナ共同体対スリナム事件

(1) 事件の概要

モアワナ共同体事件は、2002年12月20日、原告の米州人権委員会がスリナムを相手取り、米州人権裁判所に訴訟を提起したことに始まる。米州人権委員会によれば、1989年11月29日に、スリナム軍兵士が、モアワナのジュカ・マルーンの村を襲撃して少なくとも39人(大半が女性や子ども)を殺害し、村を壊滅させた[26]。周辺の森林へ逃げ込んだ生存者たちは、貧困に苦しみつつ仏領ギアナ等での放浪生活を余儀なくされ、村にも伝統的な生活様式にも戻ることができなかった。それにもかかわらず、18年が経過した後も、事件の十分な調査や訴追または処罰、損害賠償がなされていない。

そこで、米州人権委員会は米州人権裁判所に対し、モアワナ村住民の損害についてスリナムが米州人権条約第25条、8条、1条1項を侵害したか否かの判断と、スリナムに対する裁判経費ならびに金銭上および非通貨による賠償命令を求めた[27]。

(2) 本案判決

虐殺事件はスリナムが米州人権条約を受諾する前に発生したが、人権侵害状況は現在も継続していることを理由に裁判所は管轄権を認め、スリナムの先決的抗弁を却下した[28]。

そして、米州人権条約第1条1項(権利を尊重する義務)[29]との関係においてモアワナ共同体構成員の「人道的な取り扱いを受ける権利」(第5条1項)、「移動および居住の自由」(第22条)、「財産権」(第21条)、「公正な裁判を受ける権利」(第8条1項)、「司法的保護を受ける権利」(第25条)が侵害されたと判示した。

さらに、7人の裁判官が全員一致で、第63条1項に基づき以下の賠償を

おこなうようスリナムに命じた。それは、事件の調査、責任者の特定・起訴・処罰、土地に関する構成員の財産権行使を確保する立法・行政措置の実施、公的儀式の実施および謝罪、記念碑の建立、物質的・精神的損害賠償金の支払い等である。命令の中には、「モアワナ共同体構成員の遺体をできるだけ早く回収し、ジュカ文化の儀式に則って礼遇されるよう生存者に届ける」という項目も含まれた。

では、ジュカ文化とはどのようなものであったか。判決について検討する前に、ジュカ・マルーンの歴史的文化的な背景に触れておきたい。

（3） スリナムのマルーンの歴史

マルーンはアフリカ系逃亡奴隷の子孫である。18、19世紀を通じ、スリナムは奴隷を使役したプランテーションによって維持された。奴隷はオランダの西インド会社によって毎年2500人以上供給され、奴隷廃止（1814年）後も年間1000人程度が密輸入されたという。

プランテーションにおける奴隷の扱いは苛酷であったため、反乱や奥地への逃亡が絶えなかった[30]。逃亡したマルーンたちは、ジュカ（Djuka）、サラマカ（Saramaka）、マタワイ（Matawai）、アルク（Aluku）、パラマカ（Paramaka）、クウィンティ（Kwinti）という6つの部族に分かれ、大きな川沿いに安定した共同体を形成した。彼らはプランテーション所有者や植民地支配者との間で戦闘を繰り返したが、1760年代に白人との間で平和協定が結ばれてからは自治権を認められるようになった。

スリナムのマルーン文化は、彼らの起源であるアフリカのプリズムを通じてアメリカで得たものを濾過した。すなわちアフリカの遺産にアメリカの要素を融合させたものであった。本事件の発生したジュカ社会でも、結婚や居住の規則、宗教に関して、アフリカの先祖や霊魂の存在を前提とする多くのアフリカ的な要素や遺産が保持されていた[31]。モアワナ村の人々は、19世紀後半から事件発生までの約100年間、ジュカ独自の慣習を固く守りながら

スリナム東部奥地の森林地帯で暮らしていた[32]。

（4） 裁判所による文化的考慮

本案判決は、モアワナ共同体の特性である文化的事情をどのように扱ったか。

まず、土地の財産権（第21条）侵害の有無を判定する際に、文化的な事情が考慮されている。モアワナ共同体は19世紀後半になってから居住区域に定着したため厳密な先住民族概念には該当しないが、その占有（居住）は、近隣の住民から認識・尊重されてきた。また、土地の権利は村人全体に付与された永続的で分かつことのできないものとみなされており、共同体と先祖伝来の土地との関係は精神的、文化的、物質的重要性を有していた[33]。

こうした点が先住民族の実行および慣習に似ていることから、モアワナ共同体の土地に対する所有権は、先住民族と同様、国家による承認と保護に十分値すると判断された[34]。裁判所は、先住民族の財産権に関連する諸事件で発展してきた判例法を適用し、米州人権条約第21条を根拠にジュカ部族集団全体に対する財産権を承認したのである[35]。その結果、モアワナ共同体構成員は、伝統的な土地の所有者として、その土地を使用し享受する権利を認められた[36]。

以上のような土地との関係における先住民族との類似性を判断するにあたって参照された書証に、文化人類学者トーマス S.ポリメ（Thomas S. Polimé）の報告書がある[37]。同書には、ジュカ部族の社会構造、宗教的信念、喪の伝統といったジュカ社会の文化的側面に関する内容が含まれている[38]。また、文化人類学者ケネス・ビルビー（Kenneth M. Bilby）による「ジュカの人々にとって、土地は、彼らの集合的アイデンティティの具体化である」との主旨の供述証拠も重視された[39]。裁判所は、「ジュカ共同体と伝統的な土地との関係は、精神的、文化的、物質的に非常に重要である。文化がその完全性とアイデンティティを維持するためには、構成員は自らの故

郷にアクセスできなければならない」と述べている[40]。

　第二に、第5条（人道的な取り扱いを受ける権利）違反の判定の際、文化的考慮がなされた。ビルビーの供述証拠によれば、ジュカ部族の社会では、死者の適切な礼遇は必須である。葬礼に最大規模の人数と資金を投入し、複雑な宗教的慣習と儀式を半年から1年の間に完全に遂行しなければならない。儀式における死体の取り扱われ方は、その人物が生前どれくらい尊敬されていたかを反映するため、非常に重要である。しかも、遺体は土葬される必要があり、火葬はモアワナ社会全体で嫌悪されている。それ故に、今回の事件によって殺された多くの住民の遺体が燃やされた可能性は、非常に侮辱的なものとみなされる[41]。

　以上の供述内容を踏まえて、裁判所は次の旨判示し、スリナムによる第5条1項[42]侵害がモアワナ共同体構成員に重大な感情的、心理的、精神的、経済的苦難を与えたと結論付けた。

　　もし、様々な弔いの儀式がジュカの伝統に則って執り行われなければ、道徳上の侮辱とみなされる。それは死者個人の魂を怒らせるだけでなく、共同体の他の祖先をもまた怒らせることになるだろう。このことは、実際の身体的な病気として現れ始め、部族全体に強く影響する、多くの「霊的に引き起こされた病」へと導く。ジュカは、この病を自分たちでは治すことができないので、文化的儀礼的な方法によって解決しなければならないことを理解している。もしそれができなければ、こうした状況は何世代にもわたって続くだろう[43]。

　第三に、モアワナ村の生存者が他国での放浪生活を余儀なくされ、伝統的土地に戻ることができないという事実が、第22条（移動および居住の自由）侵害を構成するか否かを判断する際、文化的な事情が考慮された。元モアワナ村住人のアンドレ・アジトエナ（Andre Ajintoena）はいう。

モアワナ共同体の生存者は、自分たちが、虐殺事件で非業の死を遂げた人々の魂を怒らせてしまったと信じている。というのは、ジュカ文化では、誰かが不正な方法で死んだ場合には正義を実現する義務があるからである。それ故に、復讐心に満ちた犠牲者の霊魂に対する恐怖に苛まれ、身体的、精神的な病に罹る者が多い。生存者の帰郷は、正義が実現され、伝統的な葬儀によって怒れる魂を鎮めて土地を浄化し、死者と和解したときにのみ可能になる[44]。

　以上の証言を受けて裁判所は、多くの構成員が永続的に帰還するためには、再び同じ敵意が村を襲うのではないかという人々の恐れを取り除くだけでなく、怒れる故人の魂を鎮めて土地を浄化する必要があると述べた。そして、伝統的土地への自由な帰還と居住が、こうした恐怖によって制限されているとして、第22条の侵害を認めた[45]。

（5）　判決の意義

　判決は、一般的な先住民族概念には当てはまらない部族民共同体に対しても、土地に対する集団的財産権を承認した。トーマス・アントコヴィヤック（Thomas M. Antkowiak）は、本件は部族民共同体の伝統的信念と実行を理解する方向へと Awas Tigni 共同体対ニカラグア事件裁定を拡張させることによって、新たに重要な前進をしたと賞賛する。

　だが、本判決が一層興味深いのは、具体的な人権条項違反を検討する際、文化的な事情を中心的な判断材料にしたことである。それは、集団的財産権の認定に際して土地との関係を斟酌しただけではない。慣習通りの葬儀をすることが故人の霊魂を鎮めるために重要な意味をもつというジュカ社会の特殊事情にも配慮した。土葬の伝統があるにもかかわらず火葬されたことに対する死者の怒りが将来にわたって共同体構成員に悪影響を及ぼす点に留意し、精神的な損害賠償責任をも認めるという踏み込んだ判定を行ったことは注目に値する。

こうした裁判所のアプローチについてジョー・パスカルッチ（Jo M. Pasqualucci）は、民主主義社会の多様性は、ジュカ部族のような人々の生活様式や価値観を保護することによって強化された、と評価した[46]。アントコヴィヤックも、単に共有財産にかかわる裁定のみならず、村人の苦境を評価する際のレンズとして文化的背景を活用することは、モアワナ事件のあらゆる側面にとってきわめて重要であったと述べている[47]。

　また、フェデリコ・レンゼリーニ（Federico Lenzerini）は、モアワナ共同体事件判決を、死者と生きている人間との関係や文化的アイデンティティの議論に関する、最も重要な米州人権裁判所判例の一つであると評価する。そして、文化的な観点における米州人権裁判所判例法の意義は、必ずしも先住民族の土地の権利に関するものばかりではない。土地は、人権侵害の犠牲者の多様な文化的アイデンティティを構成する、数多くの要素の一つに過ぎない、と分析している[48]。

　ところで、モアワナ共同体の忌避する火葬という死体の処理方法には、霊魂を肉体から速やかに立ち去らせて生まれ変わりを促す意味があったとされる[49]。現在は、墓地確保の困難さや衛生学的見地により世界的に火葬が普及しているため、火葬忌避の心情は、われわれにとっては理解し難いものがあるかもしれない[50]。

　しかし、例えばキリスト教の伝統によれば、火葬を避けて埋葬する[51]。バチカン教理省のグルハルト・ミュラー（Gerhard Card. Müller）長官は 2016 年 10 月 25 日、故人を埋葬する際の灰の保全に関する文書（「Ad resurgendum cum Christo」）を公表し、故人の遺体が墓地や他の神聖な場所に埋葬されることを強く勧めた。同書において土葬は、受洗によって聖霊の社となった信者の身体の復活に対する信仰と、死者への敬意の表れであると説明されている[52]。

　以上のことからすれば、ジュカの火葬忌避はそれほど珍しいものではないと言えるだろう。そして、このように一見すると法的議論の俎上に載せるこ

とが困難であると思われるような文化的側面を有する証拠に対し、裁判所が正面から取り組んだ点を高く評価したい。

さらに、判決文には現れていない個別の意見をカンサード・トリンダーデ判事が述べているため、次節にて紹介する。

4　カンサード・トリンダーデ判事の個別意見

（1）　スピリチュアル・ダメージ概念

判事は、「本判決は法的観点を大きく超えるような問題を提起している」という[53]。そして、自分の個人的な意見が、国際法の将来の発展のために新開地を切り拓くことを期待したい、として次の旨、述べた。モアワナ共同体構成員には、現世における生活設計権だけでなく死後の生活設計の権利、すなわち来世の計画や先祖との遭遇、生者と死者との間の調和のとれた関係を大切にする権利が十分あるように思われる、と[54]。

その上で判事は、本件は従来のカテゴリーによっては扱うことのできない、全く新しい損害のカテゴリーを提起するのにふさわしい事件であると指摘し、スピリチュアル・ダメージ（spiritual damage）という概念を提唱した[55]。

この新しい概念は以下のように説明される。被害者の葬礼の不行使や死体の適切な埋葬の欠如は、生存者と死者との関係を深く分裂させた。それによって引き起こされる重大なダメージは、心理的なものだけではなく、それ以上のものである。ジュカの宇宙観においては、死者とともに生きる者にも深刻な影響を及ぼす、まさに霊的なダメージというべきものであった。また、彼らが、適切な埋葬をしていないため先祖たちに悩まされ続けていることや「霊的に引き起こされた病気」に対し、国際法（特に国際人権法）は無関心なままであってはならない。モアワナ共同体が受けたスピリチュアル・ダメージは、金銭賠償とは別種の賠償を要する重大な損害であり、他の損害

と同様、救済目的で適切に考慮されるべきである[56]。裁判所は、物理的精神的損害のみならず、このスピリチュアル・ダメージから回復させる緊急の必要性を明確にし、彼らの文化的アイデンティティを修復・再構築する状態を直ちに整えるべきである[57]。

（2） 考察

判事の提唱するスピリチュアル・ダメージとは、精神的損害と呼ぶにはあまりにも深刻な、モラル・ダメージを超えたレベルの霊的な損害を指している。つまり、人間の本質と直接的な関係を有するものや、死者との関係にかかわる深刻な被害を意味する[58]。従来のモラル・ダメージとの違いは、モラル・ダメージが直接・間接的な被害者の本質的利益のための賠償に向けて損害を数量化するのに対し、スピリチュアル・ダメージは損害を数量化できず、金銭賠償以外の形式による賠償を必要とする点にある[59]。

このスピリチュアル・ダメージ概念に対しては、次の3つの批判が想定される。第1に、具体的にどのようなモラル・ダメージとは異なる権利回復手段を選択できるのか。第2に、国際法上の根拠はあるのか。第3に、判事がスピリチュアル・ダメージという新しい概念を提唱したこと自体に対する疑問、すなわち裁判官の任務は法の解釈・適用であるにもかかわらず、新たな権利や法を創造するに等しい機能を担ってよいのか、という批判である。

まず、第1の点について判事は、スピリチュアル・ダメージは数量化できないため、死者に対する満足の形式をおこなう義務があると主張する[60]。具体的には、遺骨に対する敬意の確保、適切な埋葬、死者の名誉回復、生きている人々が死者に敬意を表する義務が挙げられる。さらに、生きている人間が現在のみならず将来も死者を永く記憶にとどめることも含まれる[61]。つまり、スピリチュアル・ダメージによる救済方法は、できるだけ早く紛争処理を終わらせることに主眼をおいているわけではない点に特徴があると言えよう。

なお、判事は現在、ＩＣＪの裁判官を務めているが、プレア・ビヒア寺院事件解釈請求（2013年）におけるＩＣＪの暫定措置命令（寺院周辺に非武装地帯を設定）について、住民の保護にも配慮したことを理由に、スピリチュアル・ダメージを回避する適切な措置であったと高く評価している[62]。

　次に、2つ目の批判については、確かに、裁判所が金銭賠償を超える救済方法を命ずる場合には、明確な規定が米州人権条約の本文中にあることが望ましい。例えば欧州人権条約であれば、第41条[63]を根拠に金銭賠償以外の権利回復手段をとることが可能だが、これに相当する規定は米州人権条約にはない。しかし、米州人権条約が採択された1969年当時には明示されなかった文化的アイデンティティの権利は、既に見てきた通り、近年の米州人権裁判所判例において、米州人権条約の下で保障される他の権利の構成要素として考慮されてきている[64]。よって、判事は次の国際法を根拠として挙げる。それは、ユネスコで採択された文化に関連する3組の国際法規範、すなわち文化遺産を人類全体の遺産とみなす世界遺産条約（1972年）、少数者の文化を文化多様性という見地から保護し次世代に伝える趣旨をもつ[65]無形文化遺産保護条約（2003年）、文化多様性宣言（2001年）を再確認した文化的表現多様性条約（2005年）である。中でも文化的表現多様性条約は、文化多様性は人権が保障される場合にのみ保護・促進される（第2条1項）と述べている[66]。これらの国際文書は、少数者の文化的アイデンティティを保護する上での根拠になりうると判事は考えている。

　第3の批判に対しては、次のような反論をしたい。裁判官は実定法に拘束されるので立法機能に一切関与すべきではないという捉え方は、政策的見解のひとつなのではないか[67]。全ての法がすべてを網羅するわけではない。この点についてジェームズ・レスリー・ブライアリー（J.L.Brierly）はいう。法は社会の諸問題を解決するための手段にすぎない。裁判所の解釈と呼ばれる行為も、実際には司法的推論によって自らの考える起草者の意図を述べることになるので、創造的な行為とみなすことができる、と[68]。また、大沼保

昭は、所与の国際法を解釈して国内法的に実施するという従来の国際法学のイメージを変えて、積極的に国際法を造り替えていくべきであると主張している[69]。

以上の観点からすれば、スピリチュアル・ダメージ概念は、実定国際法としては未解明な部分はあるものの、国際法の新たな解釈のあり方を摸索する勇敢な試みとして評価できる。

おわりに

本稿では、先住民族や少数民族、地域住民などの国内少数者の文化的背景に対する取扱いについて考察した。伝統的な国際法のアプローチでは文化的な要素にあまり重きを置かないものであったが、近年、国際裁判所は文化に理解を示す方向へと変化しつつある。特に、米州人権裁判所の判例法は、具体的な人権条項違反を検討する際、文化的な事情を判断材料として重視する傾向にあることが認められる。中でもモアワナ共同体事件判決は、集団的財産権の認定にあたって部族民と土地との特別な関係を考慮するのみならず、慣習通りの葬儀の遂行が鎮魂のために重要な意味をもち、火葬による精神的ダメージが将来にわたって共同体構成員に悪影響を及ぼすというきわめて文化的意味合いの強い特殊事情に対し、深い理解を示した点が特徴的であった。そして、同判決の個別意見でカンサード・トリンダーデ判事が提唱したスピリチュアル・ダメージ概念は、国際裁判における文化的考慮のあり方を摸索する上で示唆に富んでおり、今後の展開が大いに期待される。

なお、こうした文化的な事情に対する配慮の必要性は、さまざまな論者が指摘している。例えば、独立専門家のファリダ・シャヒード（Farida Shaheed）は、すべての人権問題には文化的次元が含まれている、と分析する[70]。1988年に「国連差別防止および少数者保護小委員会」代理委員を務めた横田洋三は、人権の理念は普遍的だが、その人権を具体的に実現する過

程では国や地域の文化の特殊性を斟酌しなければならない、と述べている[71]。

また、「文化的権利に関するフリブール宣言」（2007年）も第9条（d）において、全ての人権の文化的側面を考慮することを促している[72]。

もっとも、国際裁判における文化的考慮をおこなうに際しては、判断が難しく、ともすれば恣意的になる危険性があることも否定できない。しかし、本稿で取り上げた少数者に関する事例のように、文化的背景が論争の本質的な部分と密接にかかわる場合、当事者の提出する証拠の中に何らかの文化的側面を有するものが含まれることは避けられない。むしろ、これらをできる限り法的議論の俎上に載せて正面から論じていくことによってこそ、判決としての説得力を高め、紛争の終局的解決につながる可能性がある。

〈注〉

1　Akira Irie, *Cultural Internationalism and World Order* (John Hopkins University Press, 1977), p.176, Samuel P. Huntington, *The Clash of Civilizations and the remaking of World Order* (Simon & Schuster, 1996), p.20. Janusz Symonides, *Human Rights: Concept and Standards* (UNESCO Publishing, 2000), p.219.

2　主な研究書に以下のものがある。Andrezej Jakubowski, *Cultural Rights as Collective Right: An International Law Perspective* (Brill, 2016). Lillian Richieri Hanania (ed.), *Cultural Diversity in International Law, The Effectiveness of the UNESCO Convention on the Protection and Promotion of the Diversity of Cultural Expressions* (Routledge, 2014). Valentina Vadi, *Cultural Heritage in International Investment Law and Arbitration* (Cambridge University Press, 2014). Eibe Riedel, Gilles Giacca, Christophe Golay (eds.), *Economic, Social, and Cultural Rights in International Law: Contemporary Issues and Challenges* (Oxford University Press, 2014). Federico Lenzerini, *The Culturalization of Human Rights Law* (Oxford University Press, 2014). James A.R. Nafziger, Robert Kirkwood Paterson, Alison Dundes Renteln, *Cultural Law : International, Comparative, and Indigenous* (Cambridge

University Press , 2010). Craig Forrest, *International Law and the Protection of Cultural Heritage* (Routledge, 2010). Sienho Yee, Jacques-Yvan Morin (eds.), *Multiculturalism and International Law* (Nijhoff, 2009).Paul Meerts (ed.), *Culture and International Law* (Hague Academic Press, 2008). Jessica Almquist, *Human Rights, Culture and the Rule of Law* (Hart Publishing, 2005).

3 U.N.Doc. CCPR/C/21/Rev.1/Add.5, para.9. 大沼保昭編『21 世紀の国際法―多極化する世界の法と力』（日本評論社、2011 年）203 頁。

4 ブラジル出身。前・米州人権裁判所所長。2009 年より国際司法裁判所裁判官。

5 at http://unesdoc.unesco.org/images/0012/001246/124687e.pdf (as of March 22, 2017).

6 大沼保昭『国際法／はじめて学ぶ人のための』（2008 年、東信堂）182 頁。

7 国際連合編、芹田健太郎編訳『国際人権規約草案註解』（有信堂高文社、1981 年）131-132 頁。

8 U.N.Doc. CCPR/C/21/Rev.1/Add.5, paras.3.2, 7.

9 José R. Martinez Cobo, *Study of the Problem of Discrimination against Indigenous Populations*, Vol.5: Conclusions, Proposals and Recommendation (United Nations, 1987), p.29, paras.379-381.

10 ILO 第 169 号条約第 1 条第 1 項。マヌエラ・トメイ、リー・スウェプストン著、苑原俊明、青西靖夫、狐崎知己訳『先住民族の権利―ILO 第 169 号条約の手引き』（論創社、2002 年）17 頁。

11 Valentina Vadi, *Cultural Heritage in International Investment Law and Arbitration*, (Cambridge University Press, 2014), p.45. Eleni Polymenopoulou, "Cultural Rights in the Case Law of the International Court of Justice", *Leiden Journal of International Law*, Vol.27, No.2 (2014), p.463.

12 I.C.J. Reports 1993, paras.79-80.

13 I.C.J. Reports 2013, para.13.

14 I.C.J. Reports 2013, para.112.

15 I.C.J. Reports 2009, paras.141-144.

16 ＩＣＪ規程第 36 条 1 項　裁判所の管轄は、当事者が裁判所に付託する全ての事件および国際連合憲章または現行諸条約に特に規定する全ての事項に及ぶ。Polymenopoulou. supra note 11. pp.450-451. Masahiro Miyoshi, *Consideration of*

Equity in the Settlement of Territorial and Boundary Disputes, 1993, p.205.
17　Thomas M. Antkowiak, "Moiwana Village v. Suriname: A Portal into Recent Jurisprudential Developments of the Inter-American Court of Human Rights", *Berkeley Journal of International Law* (2007), Vol. 25, No.2, p.271. Vasiliki Saranti, "International Justice and Protection of Indigenous People-The Case-Law of the Inter-American Court of Human Rights," *US-China Law Review* (2012), Vol.9, No.427, p.437. 小坂田裕子「地域的人権条約に基づく先住民族の土地に対する集団的財産権の承認─先住民族概念および時際法との関係に焦点をあてた米州とアフリカの実行比較」『国際人権』第22号（2011年）参照。
18　米州人権条約第21条第1項　全ての人は、自己の財産を使用し享有する権利を有する。
19　Inter-American Court of Human Rights, The Case of the Mayagna (Sumo) Awas Tigni Community v. Nicaragua, Judgment of August 31, 2001, para.149. 同様の指摘は、特別報告者のマルティネス・コボとエリカ・アイリーン・A・ダエス（Erica-Irene A. Daes）も行っている。U.N.Doc. E/CN.4/Sub.2/1986/7/Add.4, para.197, E/CN.4/Sub.2/2001/21, para.13.
20　Thomas M. Antkowiak, "Moiwana Village v. Suriname: A Portal into Recent Jurisprudential Developments of the Inter-American Court of Human Rights", *Berkeley Journal of International Law* (2007), Vol. 25, No.2, p.271.
21　Inter-American Court of Human Rights, The Case of the Yakye Axa Indigenous Community v. Paraguay, Judgment of June 17, 2005, paras.135-137,156. Inter-American Court of Human Rights, The Case of the Sawhoyamaxa Indigenous Community v. Paraguay, Judgment of March 29, 2006, para.131.
22　Inter-American Court of Human Rights, Case of the Kalina and Lokono Peoples v. Suriname, Judgment of November 25, 2015, para.35.
23　米州人権条約第29条　この条約のいかなる規定も、次のように解釈してはならない。
（b）項　いずれかの締約国の法律によって、または締約国の一が締約国であるその他の条約によって認められているいずれかの権利または自由の享有もしくは行使を制限すること。
24　ILO条約第169号第13条1項　この部の規定を適用するにあたり、政府は、

関係人民が占有し、もしくは使用している土地もしくは地域または可能な場合にはその双方と、これらの人民との関係が有するその文化的および精神的価値についての特別な重要性ならびに、特にその関係の集団的側面を尊重しなければならない。

25　例えば、Yakye Axa 先住民族共同体対パラグアイ事件判決や Sawhoyamaxa 先住民族共同体対パラグアイ事件判決はＩＬＯ第169号条約第13条とパラグアイ憲法第62条〜66条に、カリナ族およびロコノ族対スリナム事件判決は自由権規約第27条に言及している。

26　当時のスリナムは、デシ・ボーターセ（Desire Bouterse）率いる軍事政権に対し、スリナム東部を主要活動拠点とするマルーン系の武装ゲリラ集団が反乱を起こし、内戦状態にあった。Claudia Martin, "The Moiwana Village Case: A New Trend in Approaching the Rights of Ethnic Groups in the Inter-American System", *Leiden Journal of International Law* (2006), Vol.19, p.494. Inter-American Court of Human Rights, The Case of the Moiwana Community v. Suriname, Judgment of June 15, 2005, paras.86 (12) (13).

27　*Ibid.*, paras.2-3.

28　*Ibid.*, paras.4, 39.

29　米州人権条約第1条1項　この条約の締約国は、この条約において認められる権利および自由を尊重し、その管轄の下にある全ての人に対して、人種、皮膚の色、性、言語、宗教、政治的意見その他の意見、国民的もしくは社会的出身、経済的地位、出生またはその他の社会的条件によるいかなる差別もなしに、これらの権利および自由の自由かつ完全な行使を確保することを約束する。

30　アフリカ人奴隷は、セネガルからアンゴラに至るアフリカ西海岸沿いの様々な地域と部族から連行された。Henk E. Chin, Hans Buddingh', *Surinam : Politics, Economics and Society* (Frances Pinter Limited: London and New York, 1987), p.6. 増田義郎編『新版　世界各国史26　ラテン・アメリカ史　II』（山川出版社、2000年）498頁。

31　Richard Price, *Maroon Societies: Revel Slave Communities in the Americas* (The Johns Hopkins University Press: Baltimore and London, 1996), pp.294-295. Eugene D. Genoverse, *From Rebellion to Revolution: Afro-American Slave Revolts in the Making of the Modern World* (Louisiana State University Press, 1979), pp.53-56, 87.　Henk E. Chin, Hans Buddingh', *Surinam*

: *Politics, Economics and Society*（Frances Pinter Limited: London and New York, 1987), p.6. Thoden van Velzen H.U.E. and W. van Wetering, *The Great Father and the Danger: Religious Cults, Material Forces, and Collective Fantasies in the World of the Surinamese Maroons* （Foris Publications, 1988), Vol. 9, pp.31,43-44.

32　Inter-American Court of Human Rights, The Case of the Moiwana Community v. Suriname, Judgment of June 15, 2005, para.86（11）.

33　*Ibid.*, paras.86（6）　（11）, 132.

34　*Ibid.*, para.133.

35　本件と同様、先住民族とはみなされなかったものの、土地との深いつながりが考慮された結果、米州人権条約第21条に基づいて集団的財産権を承認された事例に、サラマカ部族対スリナム事件（2007年）がある。Inter-American Court of Human Rights, The Case of the Saramaka People v. Suriname, Judgment of November 28, 2007, paras.79-86.

36　Inter-American Court of Human Rights, The Case of the Moiwana Community v. Suriname, Judgment of June 15, 2005, para.134.

37　*Ibid.*, paras.79,132.

38　*Ibid.*, para.82.

39　*Ibid.*, para.80 e）.

40　*Ibid.*, para.86（6）.

41　*Ibid.*, para.80 e）.

42　米州人権条約第5条1項　全ての人は、その身体的、精神的および道徳的な一体性を尊重される権利を有する。

43　*Ibid.*, para.99.

44　*Ibid.*, paras.80 d）,113.

45　*Ibid.*, para.118.

46　Jo M. Pasqualucci, "International Indigenous Land Rights: A Critique of the Jurisprudence of the Inter-American Court of Human Rights in Light of the United Nations Declaration on the Rights of Indigenous Peoples", *Wisconsin International Law Journal* （2009), Vol. 27, No. 1, p.291.

47　Thomas M. Antkowiak, "Moiwana Village v. Suriname: A Portal into Recent Jurisprudential Developments of the Inter-American Court of Human Rights",

Berkeley Journal of International Law（2007), Vol. 25, No.2, pp.271-272.

48　Federico Lenzerini, *The Culturalization of Human Rights Law* (Oxford University Press, 2014), pp.183-189. なお、モアワナ共同体対スリナム事件以外に、葬儀に関する文化的事情を考慮した米州人権裁判所判例として、Bámaca Velasquez 対グアテマラ事件（2000-2002 年）がある。拷問を受けた後に行方不明となった反政府勢力団体の首領バマカ・ベラスケス（Efraín Bámaca Velásquez）の最近親者に対する米州人権条約第 5 条 1 項違反を認定する際、文化的考慮がなされた。ベラスケスの遺体が、彼の所属するマヤの伝統通りに埋葬されていないという事実が、マヤ文化に深刻な悪影響を及ぼしていると判決は指摘している。Inter-American Court of Human Rights, Case of the Bámaca Velasquez v. Guatemala, Judgment of November 25, 2000, para.145 f）。

49　大林太良『葬制の起源』（中央公論社、1997 年）53-54 頁。山折哲雄監修『世界宗教大事典』（平凡社、1991 年）354 頁。

50　東日本大震災（2011 年）直後の被害者の遺体は、火葬施設の対応能力を著しく超える数であった等の理由により、やむを得ず仮埋葬が行われた。だが、土葬という埋葬方法は遺族にとって受け入れがたく、できるだけ早く火葬にすることを望む人々が多かったという。金菱清編『霊性の震災学』（新曜社、2016 年）102-105 頁。

51　日本基督教協議会文書事業部、キリスト教大事典編集委員会・編『キリスト教大事典』（教文館、昭和 58 年）661、1009 項。Ｘ．レオン・デュフェール編『聖書思想事典　新版』（三省堂、1999 年）772 頁。

52　同文書においてミュラー長官は、必ずしも火葬を禁止するものではないが、灰の空中や陸上、海上での散布については、たとえ衛生面や社会的経済の理由によっても正当化し得ないと述べている。Congregation for the doctrine of the faith, Instruction Ad resurgendum cum Christo regarding the burial of the deceased and the conservation of the ashes in the case of cremation, paras.3,4,7, at http://www.vatican.va/roman_curia/congregations/cfaith/documents/rc_con_cfaith_doc_20160815_ad-resurgendum-cum-christo_en.html（as of March 22, 2017）.

53　Separate Opinion of Judge A.A.Cançado Trindade, Inter-American Court of Human Rights, Case of the Moiwana Community v. Suriname, Judgment of June 15, 2005, para.1.

54 *Ibid.*, para.69.
55 *Ibid.*, para.70.
56 *Ibid.*, paras.78-81.
57 Separate Opinion of Judge A.A.Cançado Trindade, Inter-American Court of Human Rights, Case of the Moiwana Community v. Suriname, Interpretation of the Judgment of Merits, Reparations and Costs, Judgment of February 8, 2006, paras.17-19.
58 *Ibid.*, para.71.
59 *Ibid.*, paras.74-77.
60 アントコヴィヤックは、人権侵害の犠牲者たちは一般に金銭賠償以上のもの、すなわち謝罪等の非通貨による権利回復手段や正義の実現を希望している、と指摘する。Thomas M. Antkowiak, "Remedial Approaches to Human Rights Violations: The Inter-American Court of Human Rights and Beyond", *Columbia Journal of Transnational Law* (2008), Vol. 46, No. 351, pp.388,419.
61 カンサード・トリンダーデ判事の個別意見は、「記憶は報恩の念（gratitude）の表れであり、報恩の念は、おそらく真の正義を表す最も気高い表現である」という一文で締めくくられている。Separate Opinion of Judge A.A.Cançado Trindade, Inter-American Court of Human Rights, Case of the Moiwana Community v. Suriname, Judgment of June 15, 2005, para.93.
62 2008年にプレア・ビヒア寺院がカンボジアの世界遺産として登録されると、タイ・カンボジア間で断続的な軍事衝突が発生した。そこで、カンボジアがプレア・ビヒア寺院事件本案判決（1962年）の解釈を求めたところ、ＩＣＪは寺院の宗教的文化的重要性を認め、世界遺産条約第６条の下、寺院の保護に関して両国の協力を促した。カンサード・トリンダーデ判事は個別意見で次の旨、述べている。人々の生活とその文化的精神的世界遺産にも保護を拡大しスピリチュアル・ダメージを避けることは、認識論的に何ら不適切ではない。領土について考察する際、地域住民とその文化的精神的遺産を除外することはできない。諸国を構成するのは人間であり、地域住民は独立国家の最も重要な構成要素である、と。Separate Opinion of Judge A.A.Cançado Trindade, I.C.J. Reports 2013, paras.31-32.
63 欧州人権条約第41条　裁判所がこの条約またはこの条約の議定書の違反を認定し、かつ関係締約国の国内法が部分的な賠償のみを認めるにとどまるときは、

裁判所は、必要な場合には、被害当事者に正当な満足（just satisfaction）を与えなければならない。

64　A.A.Cançado Trindade, "The Right to Cultural Identity in the Evolving Jurisprudential Construction of the Inter-American Court of Human Rights", in Sienho Yee, Jacques-Yvan Morin（eds.）, *Multiculturalism and International Law* （Nijhoff, 2009）, p.477.

65　大沼保昭『国際法／はじめて学ぶ人のための』（東信堂、2008 年）185 頁。

66　Separate Opinion of Judge A.A.Cançado Trindade, Inter-American Court of Human Rights, Case of the Moiwana Community v. Suriname, Interpretation of the Judgment of Merits, Reparations and Costs, Judgment of February 8, 2006, paras.21-24.

67　H. ロンメン著、阿南成一訳『自然法の歴史と理論』（有斐閣、1971 年）270 頁参照。

68　J.L.Brierly, "The Shortcomings of International Law", *The British Year Book of International Law*（Oxford University Press, 1924）, Vol.5, No.1, p.8. J.L.Brierly, "The Judicial Settlement of International Disputes", *Journal of the British Institute of International Affairs*, Vol.4, No.5, p.232.

69　大沼保昭『国際法／はじめて学ぶ人のための』（東信堂、2008 年）18 頁。カンサード・トリンダーデ判事は自著論文の中で、米州人権裁判所は単に係争事件を解決するためだけに自らを制限せず、「法とは何か」という問題についても語るべきである、と述べている。この見解は、第 3 の批判に対する答えになりうると思われる。A.A.Cançado Trindade, "The Right to Cultural Identity in the Evolving Jurisprudential Construction of the Inter-American Court of Human Rights", in Sienho Yee, Jacques-Yvan Morin（eds.）, *Multiculturalism and International Law* （Nijhoff, 2009）, p.497.

70　U.N.Doc. A/HRC/14/36, para.19.

71　三好正弘編集代表『世界人権宣言 50 周年シンポジウム記録集：アジアにおける人権思想』（愛知大学国際問題研究所、1999 年）36-37 頁。

72　Cultural Rights, Fribourg Declaration, Article 9 （d）, at http://hrlibrary.umn.edu/instree/Fribourg% 20Declaration.pdf （as of September 30, 2017）.

第6章

近世の百姓身分と捺印

千葉真由美

はじめに

　太閤検地や刀狩りなどの豊臣秀吉による兵農分離政策を画期として、近世の身分[1]はおおむね、支配層たる武士とそれ以外の被支配層に分けられた。兵農分離は、身分的分離であると同時に、地域的分離という、近世の支配体制にとって重要な意味をもっていた。徳川将軍および諸藩主を中心に武士身分は城下町に居住、主として農業に従事する百姓は村に居住することになる。支配と被支配、両者の居住地が分離されたことで、領主による村の支配には、法令の通達や年貢の割付をはじめとする「文書」が不可欠となった。そして領主は、村の代表者たる村役人に、年貢や諸役の納入をはじめとする村の行政を請け負わせた。支配制度としての村請制は、文書の授受を軸に機能していたともいえるだろう。

　多くの文書が授受されるようになった近世社会に対しては、近年、「文書社会」という用語とともに、その特質が着目されるようになっているが[2]、特に注目したい点は文書作成とも深くかかわる、百姓による印の所持と使用である。近世は武士身分だけではなく、被支配身分である百姓も印によって

自らの意思を示す時代となった。詳細については本稿で述べていくが、百姓による印の使用は、文書の授受を不可欠とした支配側の意向であり、この求めに応じる形で、村社会でも印が浸透していくことになる。

一方、村内部をみると、村内の百姓全員が平等な地位・権利を有していたわけではなく、村社会には独自の身分階層関係が存在していた[3]。例えば、村を開発した草分け百姓の系譜を引く家を「長百姓」とし、他の百姓を「小百姓」として区別するなどは多くの村でみられる事象である。本稿の問題関心に即していえば、村請制の代表者たる村役人と、村役人以外の百姓（本稿では「小前百姓」と表記）の関係が問題となる。村における文書の授受および作成の中心となるのは村役人で、村役人は支配の末端を請け負い、文書作成を主導、その過程で小前百姓に捺印を求める立場となる。一方の小前百姓は、捺印を求められる立場となったために、村運営の場面では村役人とは対峙することになる。捺印によって、家の由緒や経営基盤とは異なる、新たな身分差、身分意識が生まれることが想定される。

本稿では、支配―被支配の地域的分離によってもたらされた、文書行政という支配形態が近世の村にどのような影響を与えたのか、とりわけ百姓が印を所持し使用する、近世村社会の特質を整理し、百姓の印および捺印が村社会の身分関係にどのような影響を与えたのかについて考察する。

1　法令にみる捺印規定

（1）　幕府法令にみる百姓の捺印規定

江戸幕府は近世初期の段階で、村方における捺印を法令によって規定している。寛永19（1642）年5月、幕府が代官へ通達した触には、「郷中ニて諸役入用之儀、小百姓帳を作り品を書付、名主・組頭判を仕、帳面ニ手代押切いたし渡置可申候」[4]と、村方における諸経費については小百姓帳を作成して費目を書き上げ、村役人たる名主・組頭が「判」すなわち印を捺し、帳面

には代官手代も確認の押切印をして村方へ渡すように指示している。この触では、名主・組頭の村役人のみが帳面に印を捺すことを指示しているが、同年8月の郷村への法度では「年貢等勘定以下、代官・庄屋ニ小百姓立合可相極候、毎年其帳面ニ相違無之との判形為致置可申」[5]と、年貢などの勘定に際して代官・庄屋と小前百姓が立ち会って決めた上で、毎年の帳面に間違いがないことを示す印を捺すよう定めて、小前百姓による捺印も指示している。

　幕府は、名主・組頭等の村役人をはじめ、村役人以外の小前百姓に対しても、帳簿などへの捺印によって各々の意思を表明することを望んでいた。小前百姓が捺印すべき理由を明示した代官宛の触も出されている。寛文6（1666）年4月の触には以下のようにある。

一御年貢方金銀米銭小物成等まて上納仕候百姓中、割付壱人前宛委細書記
　之、一帳ニ仕立、并諸役入用是又別帳ニ書載、庄屋・小百姓不残判形為致、
　年々御代官ニ取置可被申、年貢并諸役入用等庄屋・組頭非分之割付仕之旨、
　毎度後日争論有之間、無紛明細ニ割帳可被申付事[6]

　「年貢や小物成等を上納する百姓の割付は、一人ずつ委細を書き記し、一つの帳面に仕立て、また諸役入用は別帳にして、庄屋・小百姓に残らず捺印させ、毎年代官方で取り置くように。年貢と諸役入用については庄屋・組頭が不正な割付をして、何度も後日に争論になっているので、明細な割帳を申し付けるように」とある。年貢等の割付あるいは入用の帳簿へは、庄屋・小百姓全員に捺印させるように命じ、その理由は、庄屋・組頭などの村役人が年貢や諸役の不正な割付をおこなっていることで、後日、争論になるためとしている。近世初期の段階では、村役人の不正を契機とする村方騒動が各地で問題となっていたため、幕府は、村役人の恣意的な村運営を牽制し、また防止するため、そして円滑な年貢納入のためにも、村方における勘定を村の

全百姓の確認のもとでおこなうよう命じたのである。このように、村の構成員のうち村役人のみならず小前百姓まで、すなわち年貢や諸役を納める身分の者であれば捺印の義務および権利を有することが、幕府法令によって規定されたのであった。

　しかし、村ではこれを遵守していたとは言い難い状況もあった。幕府による正徳3(1713)年4月の触、全9条のうち第3条目には、以下のようにある。

一毎年御代官より相渡り候御取毛割付并村懸り諸事入用之帳面等、其村中惣百姓立合、披見之上加判せしめ候事ハ、古来よりの定法に候処ニ、近年に及ひ、末々の百姓ハ委細の事を存するに及はす、名主・庄屋等私の事共有之、御年貢米金納方并御城下御蔵納の次第ニも村方物入之費多く、末々の百姓共難儀に及ひ候由相聞候、自今以後は、其名主・庄屋等、古来よりの法の如く、御取立割付はいふに及はす、村入用の事一々帳面にしるしたて、村中百姓共に披見せしめ、皆々得心有之上、各判形仕置、毎年其村限りニ差出し、御代官の吟味を請へき事[7]

　要約すると次のとおりである。「毎年、代官から渡す年貢割付と村の諸事入用帳面について、村中の惣百姓が立ち会って見た上で捺印することは、古くからの定法である。しかし、近年は小前百姓が詳細を知らず、名主・庄屋が私的に扱うことがあり、年貢米・年貢金の納入、城下の御蔵への納入でも村の費用は多く、小前百姓が苦労していると聞く。今後、名主・庄屋は定法の通り、年貢割付は言うまでもなく、村入用についても一つ一つ帳面に記して村中の百姓に見せ、皆が納得した上で、それぞれの印を捺して、毎年村ごとに帳面を代官に差し出し、吟味を受けること」。

　年貢割付や村の公的な費用を記した入用帳面について、村の全百姓が立ち会い捺印することは、古くからの定法であるとする。しかし近年はこれが守られていないため、小前百姓も含めた全員が納得の上捺印し、定法を守るよ

うに申し渡した内容である。幕府が村の百姓全員による捺印を定めていたにもかかわらず、未だ村役人が恣意的な村運営をおこなっていたのであり、再度これを規制するものであった。

　以上のように、近世の村社会での捺印の浸透には、領主側が文書による支配、行政を指向し、法令等でたびたび指示していた背景があった。

（2）　村掟にみる捺印規定と捺印の実態

　領主の法令に対し、村ではどのような対応を取っていたのか。幕府法令等を請ける形で、捺印についての規定を村掟に組み込む村もあった。例えば、下総国猿島郡山村（現茨城県坂東市）では、宝暦9（1759）年閏7月、当地を管轄していた幕府代官久保田十郎左衛門役所宛に請書を提出している。これは代官からの通達を請けて、山村で作成されたものであった。内容は、前述の正徳3年4月の幕府の触を踏襲したもので、百姓生活等に関する全19条のうちの第6条目には、以下のように記されている。

一御代官様より年々御渡被遊候割付諸帳面、小百姓共迄奉拝見印形致候事古
　来より之御定ニ候処、近年は小百姓共は委細之事を不存、庄屋・名主私之
　事共在之、村方物入之費多、小百姓及難儀候由被及御聞候、以来割付は勿
　論、村入之事一々小百姓共得心仕印形致し、御代官様之御吟味請可申事[8]

　幕府の触を簡略化しているが、内容はほぼ同じである。「御代官様から毎年渡される年貢割付諸帳面について、小百姓までが見て捺印することは古くからの御定めであるが、近年は小百姓が詳細を知らず、庄屋・名主が私的に扱っており、村方ではかかる費用が多く、小百姓が困っていることが御代官様の耳に入っているとのこと。今後、年貢割付は言うまでもなく、村入用についても一つ一つ小百姓が納得した上で捺印し、御代官様の吟味を受けること」とある。幕府法令を遵守する村の態度を示したものといえる。村中惣百

姓・名子・家抱・水呑に至るまでが承知した旨が書かれ、末尾には山村の「惣百姓」として128名の名が記されている。

　また、独自の村掟で証文作成時の捺印について定めた村もあった。武蔵国多摩郡小川村（現東京都小平市）で、正徳5（1715）年正月に定められた村掟全13条のうちの第3条目には、以下のようにある。

一御公用又ハ不依何事村中寄合之節、遅参不参之者有之候、惣而連判手形証
　文等之節、印判をもやい壱人ニ而余多之印判持参仕候儀堅仕間敷候、左候
　而者御触之儀不依何事、其節申聞候儀人伝ニ承、其身得心不仕候而ハ、御
　条法御法度之儀不承届ものも可有之候間、寄合之節者無不参判形致持参可
　申候、其外百姓仲間取引候手形証文等ニ至迄、其趣意とくと承届、尤ニ存
　候ハ、印形可仕候、左も無之後日ニ右之証文手形及出入、文言者不存候得
　共判形仕候抔と無筋儀申出間敷候、扨又印判紛失仕候か取替申度候ハヽ、
　其段名主方へ相断、替り印判差出判鑑直シ可申候[9]

　要約すると次のとおりである。「御上の御用などがあった場合の村寄合で、遅刻や欠席をする者がいる。また連判手形証文を作成する時に、一人が印を多く預かり持ってくることは絶対にしてはならない。そのようなことをすると、御触れがあっても人伝えになるし、本人が納得しなければ、御上の法を理解しない者がいることになる。寄合は欠席をせず、そして印を持参するように。また百姓仲間での取引手形証文に至るまで内容はしっかりと理解し、納得して捺印をするように。後日になって証文をめぐる争いとなり、書いてあることは分からないが捺印した、などと筋の通らないことを申し出ないように。また印を紛失したり、取り替えたい時は、名主へ断り、替えた印を差し出して登録するように」。

　問題のある百姓の態度を糺す内容である。村の合議の場である「寄合」に対して、百姓たちが消極的な態度であったようすも分かる。寄合に集まらな

い者、証文を作成するにあたって他人の印を多く預かってくる者がいるような状況であった。しかも証文の内容を理解せずに捺印したことで、後に争いになることもあったようである。この村掟の内容からは、捺印を求める村役人たちが、適正な捺印をおこなわない小前百姓の態度を問題視していたことが読み取れる。全13条の村掟は、惣百姓が相談の上で決めたこと、今後内容を確実に守る旨が記され、小川村の全百姓200名の記名そして捺印もされて、名主へ提出された（本史料は名主宅で保管されていたものである）。

　領主は、村役人による適正な村運営を求め、各種の文書には小前百姓も捺印し、文書作成に介入することを積極的に推進することで、村方で問題が発生しないようにした。ところが村には、村役人の恣意的な村運営という問題ばかりではなく、小前百姓自身が適正な捺印をしない状況もあった。村役人側が小前百姓の態度を問題として、確実な捺印を求めていく動向も存在したのである。未だ小前百姓が捺印の重要性、自らの「権利」を意識しない状況であったといえるだろう。

　なお小前百姓だけではなく、同じ村役人であっても、名主の文書作成や捺印に協力しない組頭もいた。例えば元文4（1739）年、相模国高座郡座間宿村（現神奈川県座間市）の名主日記には、争論が解決した際に作成する「済口証文」作成にあたり、名主が各組頭に印を持参するよう伝えていたが、一人の組頭に印を預けてくるような状態であった[10]。村では、捺印に対する意識はさまざまであり、また煩瑣な文書作成を避けたいという意識もあったと想定される。

2　文書への捺印者

　近世の村において印を所持し捺印する者は、原則として家の当主であった。近世は村社会においても「家」が成立し、家の継承そして百姓身分の継承が強く意識されるようになった時代である。百姓身分は家長についたもの

であり、家の法的責任主体は家長であった。年貢の納入や諸役の負担も共同体の最小単位としての家が基準であるから、文書には「〜右衛門」「〜兵衛」など代々継承する「家名」が記され、家名を名乗る当主が印を捺す。当主は印を通じて、公的に意思を表明できる立場にあった。そして家内でも当主以外は身分の「周縁」として位置づけられる[11]。

　家意識が強い社会の中で、印を使用するのは「当主」であることを示す史料も残されている。例えば正徳6（1716）年正月、常陸国真壁郡南椎尾村（現茨城県桜川市）では、名主加兵衛が病気となり、その跡を忰の平内が継ぐことになった。2月、平内は支配領主である笠間藩の役人に対して「私儀名改加兵衛ニ罷成、印判も親加兵衛用来候印判ヲ用申度奉願候」[12]と、名を加兵衛と改め、親が使用した印を用いたいとの願書を提出している。家を相続する際に、印も同時に相続したのである。同年6月には、同村の組頭2名が病気や高齢を理由にそれぞれの忰に跡を継がせ、名主加兵衛の場合と同様に、名を改め、印も引き継ぎたい旨の願書を提出している[13]。この時期の南椎尾村では家の相続とともに、印の相続がおこなわれていたことが分かる。

　また常陸国那珂郡中岡村（現茨城県那珂市）で、村人全員の名や年齢等を家ごとに書き上げた享保4（1719）年の人別改帳には93軒の家が記され、「百姓家」86軒と「隠居家」7軒とに分けられている[14]。このうち百姓家には捺印があり、隠居家には捺印はない。当主を退いた「隠居」は家の代表者とはされず、あくまでも当主が文書への捺印義務および権利を有するのであった。

　なお当主を退いた者が証文等への意思表明を必要とした場合、印を捺す代わりに「爪印」を据える場合が多い。武蔵国多摩郡大沼田新田（現東京都小平市）では、文化15（1818）年4月、百姓市蔵が病気を理由に「百姓株」を弟の源蔵へ譲渡した。百姓株を譲り受けることは百姓身分である当主になるということだが、この譲渡証文における市蔵の記名捺印部分には、「印形共譲候ニ付爪印仕候」と、印も譲ったので自分は爪印をすると書かれ、実際

に爪印が据えられている。爪印は親指等の爪の先に墨を付け、文書の記名部分に爪痕を記したものである。一方の弟源蔵は、市蔵から譲り受けた印を使用している。ここでも、家を相続することは印を使用する「権利」も相続するという意識が示されている[15]。

　当主が印を使用するのであるから、女性であっても、父親や夫が亡くなるなどで「後家」そして当主となった場合は印を持ち、捺印することになる。村の女性や若者は印を使用せず、文書への意思表明が必要な場合には、爪印を据えることが一般的であるが、前述した中岡村の事例でも、女性1名「後家いわ」がおり、印を捺している。そもそも文書への捺印は、村の構成要素である家としての捺印であり、女性であっても当主であれば、さまざまな文書への捺印が必要であった。これも捺印の主体が家であることの証左といえるだろう。

　なお、同時期であるにもかかわらず、帳簿の性格を要因として、実際の女性当主の名ではなく、家名の男性名が記される場合もある。例えば、宗門人別帳には女性当主であることが記されているが、年貢取立帳簿では家名の男性名が記されるなどである。宗門人別帳は家内全員を書き上げることが目的であり、実情に即した記載となるが、年貢取立帳簿などは、家名を記載するのみで十分ということになるのだろう。文書の上で百姓身分として把握されるのは家名であるともいえ、文書様式の点からも注目すべき記載であると考える。

3　印の形態

(1)　印の形態変化

　幕府法令が出されていくなかで、17世紀半ば頃には百姓は個々に印を所持し、文書への捺印をおこなうようになっていったと考えられるが、百姓が使用する印に彫られた模様あるいは文字には、時期的な特徴や変化がみられ

る。これまで美濃国・信濃国・甲斐国・相模国の村々の事例で、印の形態変化について検討がされており[16]、おおむね次のような様相としてまとめられる。

　早い時期のものとして、信濃国山布施郷（現長野県長野市）では天正20（1592）年7月の文書に百姓の印がみられるなど、16世紀末期には百姓による捺印がある。信濃国では慶長期（1596〜1614）にも百姓の捺印が確認されており、筆で記した花押、筆で簡易な「○」「△」等を記したもの（略押）、筆軸に墨を付けて紙に据えたもの（筆軸印）などもあった。印とともにこれらの「しるし」が同一の文書に並存して用いられていることもある。また17世紀初期の段階では、円形だけではなく正方形、長方形、楕円形、さらには扇形や壺型など多様な形の印がみられる。印の内側には直線的な模様が彫られていることも特徴で、百姓が自ら彫ったものとも考えられている。この時期の印は、文書の上で、単に自他を区別するための道具であったということであろう。

　その後、17世紀末期以降は、明確に文字が彫られていると判断できる印が使用されるようになった。文字は一文字であることが多く、「宝」「福」「富」「松」「金」などの吉文字と考えられる文字が多い。縁起の良いこれらの文字は、家の繁栄を願ったものとも考えられている。家勢不安を向上へと意識を転換させたいときに、改印をおこなっている事例もあり[17]、これもまた家と印が深く結びつくと考えられる事象である。なお形は円形あるいは正方形などが中心となり、扇形など特殊な形はあまりみられなくなる。

　さらに18世紀以降になると二文字が彫られた印が主流になっていく。文字は上下に彫られる場合もあるが、さらに時期が進むと右左に彫られる印が多くなる。そしてこの二文字の印はおおよそ百姓の実名（諱）と考えられるものが多い。この点、家の印から個人の印へという変化があることに着目したい。百姓の印は、代々受け継ぐ「〜右衛門」「〜兵衛」等の家名あるいは公に名乗ることを認められていなかった名字でもない。個々の百姓が有する

実名が彫られるようになっていったのである。以上のように、近世のおよそ270年間を通じて、百姓の印の形態が大きく変化していった点は、百姓による家意識との関係からも注目できるであろう。

なお近世初期の段階では、同じ印を複数の百姓が使用するような事例、また個々の名前ではなく「惣百姓」と記されたものに印が捺される事例もあったが、18世紀にはそういった事例は減少していく[18]。捺印は個々の百姓による意思表示の手段として、村社会においてしだいに浸透し、認識されていった。日常生活においても、例えば元禄14（1701）年の武蔵国秩父郡小森村（現埼玉県秩父郡小鹿野村）の百姓が、近隣の市場へ外出した際に印形を持参していることが記録されており[19]、印が日常生活に定着していく様子がうかがえる。

（2） 印文の変化

百姓の印の印文は直線的な模様から、「宝」など家の繁栄を願うような一文字の印、そして次第に個々の百姓の実名となっていった。文書の上で単に自他を区別するためのもの、そして家意識と深く結び付くもの、さらには使用する個人を示す象徴と意識されたもの、といった変化がみられるのである。特に近世中後期以降の実名の印には、個人を象徴するものとしての意識が見られるようになると考える。男性・女性を問わず、印を使用する家の当主が新たな印を選択していくことになる。改印を契機として、印を自らの象徴としてとらえていくようになるのではないか。同じ村の中でも、当主の代替わりと改印の関係は一様ではなく、同じ印を代替わり後も長期にわたり使用する場合もあれば、代替わりの数年後には改印する場合も多く見られる[20]。印を使用する当主の意思で、改印が判断されたのであろう。特に、個々の実名が彫られるようになるという印文の変化には重要な意味があるといえる。

そもそも、武士が使用する印の印文をみると、近世前期の段階から印を使用する個人の実名が印文となっている。徳川将軍の印についていえば、徳川

家康も「家康」の文字を彫った印を使用しており、第3代将軍徳川家光（元和9（1623）年将軍就任）以降、将軍が使用する「御本印」に彫られた文字は、すべて「家光」などの実名であった[21]。その他、例えば幕府直轄領を支配する代官が使用した印については、近世初期の代官高室氏が寛永期（1624〜1643）には実名の「昌成」の文字を彫った印を使用し、以降、歴代の代官が使用した印の印文はいずれも実名である[22]。

　そもそも百姓の印の発端は、村の土豪層が戦国大名の印を真似たのではないかという指摘もある[23]。戦国大名の印といえば、相模を拠点とした北条氏の虎の印、あるいは信濃の武田氏の竜の印などをはじめ、図像や文字によって権威を示すなど、一定の意味を含んだ印であった。百姓たちも当初は同様に、印に吉事を象徴させるような意識があったのかもしれない。しかし江戸時代になると、村の人々は直接的には支配代官などの印を目にすることが多くなる。百姓たちが武士の印に倣うことは容易に想像できる。

　さらにいえば、近世後期には、印を製作する職人たちによって印のあるべき姿が主張されるようになっている。文化13（1816）年、大坂の「実印師」を名乗る細字重三郎を著者とする刊本『実印之穿鑿』が出版された。「たましいのあらため」と読み仮名が付されたこの本には、人々が持つ印のあり方を指南する内容が記されている。その中でも印の相続に関わる事柄には次のような記載がある。

（前略）此方の印判ハ先祖より伝、目出度抔と用ゆ人多し、これおほきに心得違也、先祖親の家や身をおさめられし魂の印判を子の身として我名の下ニおす時ハ、先祖や親を足の下へ踏も同じ（後略）

　自分の印は先祖から伝えられたもので、めでたいとして使用している人が多くいるようだが、これは大変な心得違いである。先祖・親の魂である印判を、子の身でありながら自分の名前の下に捺すことになり、先祖や親を足の

第 6 章　近世の百姓身分と捺印　155

下に踏むことと同じ、という主旨である。実印師すなわち印判を製作する職人であるから、多くの印を製作販売しようという宣伝のためという含みもあろう。しかし特に家の当主交替は改印の重要な契機と考えられていたようで、同書には息子に家を譲る機会に、新しい印の製作を細字重三郎に注文したという事例も紹介されている[24]。

　自らの実名が彫られた印の使用は、印が自身の象徴であること、捺印行為が自身にとって重要な行為であることをより意識させたものと考えられる。そして、文書作成の機会が増え、捺印の機会が増えることによって、印そのものに対する意識とともに、捺印意識にも変化が見られるようになる。

4　捺印意識の変化

　近世の領主権力が創出した身分秩序、それに伴う文書行政を通じて、領主は村役人の専横を規制し、小前百姓の捺印を促した。村役人もこれを請け、文書への捺印を遵守する指向で村運営をおこなっていった。そして村運営における文書と捺印の浸透は、百姓に捺印への強い権利意識をもたらすようになる。

　信濃国高井郡東江部村（現長野県中野市）では、同族間での印の所持をめぐる争論が起こっている[25]。安永2（1773）年6月に庄左衛門が死去し、遺言により悴丑之助の成人まで親類理右衛門が印を預かった。その後安永4（1775）年8月、預けていた印を取り戻すため、丑之助母ゑん等が代官所に訴える事態となったものである。争論のなかで丑之助方は、印を自分たちに戻すか、代官所で預かってほしいとも述べている。双方の対立が深まる争論であったが結局、印は丑之助が15歳となった天明4（1784）年に引き渡されている。家内で印が相続されている事例であるが、相続すべき印の所持をめぐって同族間でも争論が起こるなど、印に対する強い所持意識がうかがえる。

また捺印の重要性が意識されたものとして、村の百姓全員による連印証文の有効性を問題とした、次のような事例が注目される[26]。甲斐国都留郡長池村（現山梨県南都留郡山中湖村）では、天明8（1788）年3月、名主役の選任にあたり、入札によって後任が決まった。そこで新名主へ渡す連印証文を作成したが、一人の小前百姓がこの証文への捺印を拒んだことで、支配役所へ訴え出ることになった。役所側の返答は「右書付不請取候而も相勤候者も有之候ハヽ」、すなわち、書付（連印証文）を受け取らないまま、村役人を勤めている者もいるのだから、ほかの者に役儀を引き渡したらどうかということであった。しかし村側は、ほかの者では一同が承知しないため、「勿論右連判之義も無滞相揃、惣七方江役義引渡」、すなわち連印をすべて揃えた上で新名主となる惣七へ役儀を引き渡したいと答えている。役所側は、全員の捺印による連印証文を整えなくても良いと考えていたのに対し、村側が連印証文を整えたいという意向を持っていたことが分かる。百姓の印を揃えることに対して、村側がこだわっていたのであり、村役人決定に際しての重要証文として惣百姓連印証文の存在が強く意識されるようになっている。

　そして捺印の重要性が意識されていくに伴い、村役人と小前百姓の間で、捺印をめぐる新たな問題が発生することも注目できる。例えば、領主へ提出する宗門人別帳や五人組帳など、とりわけ公的な性格を帯びる文書には、村の全百姓の捺印が求められる。その際、文書作成の責任者である村役人は小前百姓に捺印を求める側、小前百姓は捺印を求められる立場となる。立場の相違は両者の対立要因となり、特に小前百姓による捺印拒否という形で騒動を引き起こした。このような小前百姓の捺印拒否は、各地の村の史料で確認できる。例えば、武蔵国多摩郡大沼田新田（現東京都小平市）では、近世後期に起きた村の争論の中で、小前百姓が宗門人別帳等への捺印を拒否することで、村運営を停滞させる事件が起きた。嘉永元（1848）年4月、名主見習翁助による代官所宛の訴状写には、以下に示す内容が書かれている。

　大沼田新田の周蔵は、留五郎と近村久米川村（現東京都東村山市）百姓藤

五郎の娘との縁談をまとめ、潰屋敷になっていた家を相続、再興させようとしていた。翁助はこれを承知し、久米川村から人別送り状を提出させた。しかし、この人別送り状の書式が通常の書式と異なっており、翁助は下書きを渡したものの、周蔵は言うことを聞かなかった。また藤五郎は婿入りで大沼田新田に来るはずだったが、未だに来ていないため、翁助は藤五郎を宗門帳に記載せずにいた。訴状写には続いて以下のようにある。

（前略）右人別不取極中者、周蔵者五人組帳、留五郎者五人組帳・宗門帳共調印難相成旨申之、何様申聞候而も承引不仕、彼是日間取、既ニ宗門帳御上納延引之段、御書付頂戴仕候次第ニ至り奉恐入、尚種々申論候得共一円取敢不申差をり、宗門帳其外御上納ニ差支難渋至極仕候間、無余儀此段御訴奉申上候（後略）[27]

内容は「人別を決めない、すなわち藤五郎を人別帳に入れない（村人と認めない）ならば、周蔵は五人組帳、留五郎は五人組帳と宗門帳への捺印はできないと言い、何を言っても承知しない。そして日にちも過ぎ、すでに宗門帳の上納を引き延ばしているとの書付が役所から届き、恐縮している。さらに申し諭したものの周蔵方は一向に取り合わず、宗門帳などの上納に差支えて大変難渋しているため、仕方なくこのたび訴えを起こした」というものである。

周蔵と留五郎は、領主へ提出する五人組帳・宗門人別帳など公的な帳簿への捺印拒否によって、名主側への抵抗を示したのである。もともと名主側に遺恨があったことで起きた事件であったが、名主側が帳簿の上納に差し支え、難渋していると述べているように、捺印拒否という行為は村運営を阻害するものとなった。

時期は前後するが、元文5（1740）年4月、常陸国多賀郡宮田村（現茨城県日立市）では、小前百姓によって小割付指銭帳への捺印拒否という事件が

起こっている。村役人が小前百姓に小割付帳・指銭帳への捺印を指示したが、一部の百姓がこれに応じなかった。捺印拒否の理由は村役人側に対する年貢勘定への不審であった。村役人側も関係する手形や帳簿の公開を提案するが、捺印拒否の状況が続いたことで、村役人から支配役所である水戸藩郡奉行所に拒否派の説得を願い出た。願書本文の末尾には以下のように記されている。

（前略）右之者共いか様之存寄御座候共、一応諸帳面も見届不申難躰申儀、不得其意候儀と奉存候、依之村役人致方無御座候付、御上之御苦難ニ罷成申候儀、何共迷惑千万ニ奉存候得共、依之小割付指銭帳御再見之上、諸帳面相違も無御座候ハヽ、右之者共被為御召寄御礼被為遊被下置候様奉願上候（後略）[28]

内容は「捺印拒否をする者たちに考えもあるだろうが、諸帳面を見ることなく難題を言ってくることは理解できない。村役人としては仕方なく、御上にとっては煩わしく大変迷惑なことになると思うが、小割付指銭帳を再度見ていただき、諸帳面に間違いがなければ、彼らを呼び出し追及していただきたくお願いする」というものである。

「御上之御苦難ニ罷成申候儀、何共迷惑千万ニ奉存候得共」、すなわち御上には煩わしく迷惑なこと、と述べている点は、領主へ負担をかけてしまうことを詫びる内容でもある。村役人が村内の騒動を収められず、領主に頼むことになるほど、小前百姓たちは強い姿勢を貫いていたのである。

捺印および捺印拒否は、小前百姓側からも強い意思をもって起こされる行為となっていった。捺印を求める側と求められる側という、村社会内部の立場（身分）の違いによって引き起こされるようになった、新たな問題だったのである。

以上のように、印の所持や捺印の浸透に伴って、村では印に対する意識が

変容したことが指摘できよう。当初は支配側から指示された行為であったにもかかわらず、むしろそれは村側で強く意識されることになっていった。この点、大藤修氏が「文書による統治は権力側も文書に明示した自らの意思に規制されざるをえない面を不可避的にもち、それが被統治者の側に保存されると下からの権力の恣意を規制する根拠として機能する」[29]と述べている点は重要である。百姓身分の側が、印および捺印に対するこだわりをより強く持つことになったのである。

　さらにいえば、百姓たちは領主に対しても、納得しなければ捺印しないという態度を見せることもあった。明和8（1771）年5月、支配領主である旗本曽我氏から、たびたび御用金を求められていた武蔵国多摩郡乞田村（現東京都多摩市）および近隣5カ村は、江戸屋敷において、曽我氏側から御用金証文に捺印してきたかを尋ねられた。しかし村側は、「捺印を拒否するつもりはないが、以前から差し上げている金子もある。このことを申し上げてから捺印しようと考えて参上した」と答えた。これまでも金子を献上していることを改めて確認、配慮を促し、度重なる御用金の催促に釘を刺したともとれる言葉であろう。村は領主に対して捺印のための条件を提示するようなこともあった[30]。捺印および捺印拒否という行為は、村と領主の関係であっても、また例え村側の主張が通らなかった場合においても、両者に一定の緊張関係をもたらすものになったのである[31]。

おわりに

　本稿では文書行政という支配形態が、近世の村にどのような影響を与えたのか、とりわけ百姓の印と捺印の様相と変容について、また百姓の印および捺印が村社会の身分関係にどのような影響を与えたのかについて考察した。近世を通じて、印および捺印に対しての意識がしだいに変化していく様子が、印自体に、そして捺印のあり方に示されていた。印は「百姓」たる家の

当主が使用するものであり、当初は家を示すものとしての意識が強かったが、次第に使用する個人を象徴する重要なものとして認識されていった。また百姓身分内では近世を通じて、村運営や土地所持など、さまざまな局面での対立要因を内包しているが、加えて、支配政策によってもたらされた印および捺印という制度が、村役人―小前百姓という身分関係に新たな対立をもたらす要因になったことが分かる。

　さて、村社会での印および捺印の様相は、明治になって一つの転換点を迎えることになる。明治6（1873）年7月5日の太政官布告第239号には以下のようにある。

人民相互ノ諸証書面ニ爪印或ハ花押等ヲ相用ヒ候者間々有之候処、当明治六年十月一日以後ノ証書ニハ必ス実印ヲ用ユ可シ、若シ実印無之証書ハ裁判上証拠ニ不相立候条、此旨可相心得事
但、商法上ノ証書ニ商用印ヲ用ヒ請取通帳等ニ店判ヲ用ヒ候ハ別段ノ事[32]

　個人間での諸証書面に爪印や花押を用いることがたびたびあるが、10月1日以後は必ず実印を用いるように、とある。また実印のない証書は裁判の証拠にならないとする。爪印や花押を用いている者、すなわち印を持っていない者に対する証文作成のあり方を示したものである。近世社会の印は家ごとの所持であり、家の当主が使用していた。印を持たない者すなわち当主以外の者が証文を作成する際の爪印等を廃止、以後、印を持つよう規定したのである。これにより当主でない者でも印を持つことが明示された。家の当主のみが印を使用する、捺印の権利を持つ時代が終わりを告げた。

　印は各個人が所有するものと規定され、以後、個人を示す道具として使用されるようになる。一方で、近代以降の印文に着目すると、名字を印文とした印の使用が中心となっていくという動向もある。近代の人々はいかなる意識をもって印を使用していったのか。今後も検討を要する課題であろう。

また明治以降、村の自治および村請の基本であった文書行政も解体される。近世の村では、当主となった女性は印の所持や捺印を認められ、村政参加にも排除されることはなかったが、近代になり、女性の政治的な参加が否定されるようになっていく。明治17（1884）年5月の太政官布告第14号等による「区町村会法」の大改正によって、地方議会の選挙権・被選挙権ともに「男子」に限られることとなり、女性の政治参加の機会がいよいよ封じられた。近代の女性と印の関係についても今後の検討すべき課題としたい。

〈注〉

1　日本史研究において、近世の身分制に関する研究は、武士や百姓など基幹的身分および、その周縁にあるさまざまな生業や職種への着目なども含めて、多種多様な議論が進められてきた分野の一つである。近年のまとまった成果として、『〈江戸〉の人と身分』シリーズ全6巻（吉川弘文館、2010年）などが刊行されている。

2　近世に文書が大量に発生した要因や文書主義社会については、大藤修「近世の社会・組織体と記録──近世文書の特質とその歴史的背景」（国文学研究資料館史料館編『アーカイブズの科学』上、柏書房、2003年）に詳しい。

3　大藤修「百姓身分と家」（『〈江戸〉の人と身分』2村の身分と由緒、吉川弘文館、2010年）。

4　高柳眞三・石井良助編『御触書寛保集成』（岩波書店、1934年）、「御代官え被仰渡部」1308。

5　『徳川禁令考』巻五帙（司法省蔵版、1895年）、「巻四十三」。

6　前掲註4、「御代官え被仰渡部」1311。

7　前掲註4、「村方掟浦方山方牧場等之部」1337。

8　猿島町史編さん委員会編『猿島町史』資料編近世（猿島町、1995年）。

9　小平市中央図書館編『小平市史料集』第二集　村掟・五人組帳前書（小平市教育委員会、1994年）。この村掟については、拙稿「村をまとめる」（小平市史編さん委員会編『小平市史』近世編、第2章第1節、小平市、2012年）で触れている。

10　拙著『近世百姓の印と村社会』（岩田書院、2012年、第5章「名主日記にみる

村の文書と捺印（一）―相模国高座郡座間宿村庄右衛門の元文四年日記から―」）。
11　前掲註3、大藤氏論文。
12　「（正徳5年南椎尾村御用留）」（真壁町史編さん委員会編『真壁町史料』近世編Ⅳ、真壁町、2001年）。
13　同上。
14　享保4年（1719）3月「中岡村人別改帳」（中崎家文書、茨城大学図書館所蔵）。
15　この史料の詳細、また女性当主と印の関係については、前掲註10拙著（第7章「近世中後期村落における印の相続と女性当主―武蔵国多摩郡大沼田新田を事例として―」）。
16　笹本正治「近世百姓印章の一考察―形態変化を中心として―」（『日本古文書学論集』第13巻近世Ⅲ、吉川弘文館、1987年）、尾崎行也「信濃国伊那郡における農民捺印実態」（『長野県立歴史館研究紀要』第1号、1995年）、前掲註10拙著。
17　大島晃一「近世の百姓印章について―陸奥国磐井郡・流・峠村の実物印章とそれらの使用例を通して―」（『一関市博物館研究報告』第2号、1999年）、同「近世の百姓印章について（二）―陸奥国磐井郡・流・峠村「当人数御改帳」印と諸証文印との照合を通して―」（『一関市博物館研究報告』第3号、2000年）。
18　前掲註10、拙著（第1章「近世前期関東における惣百姓印」、第2章「近世の惣百姓印―南関東地域の事例収集を中心として―」）。
19　宮原一郎「百姓印形の成立と展開―近世文書社会史の前提として―」（『関東近世史研究』第59号、2005年）。
20　前掲註10、拙著（第3章「近世百姓印の捺印と使用状況―相模国津久井県牧野村を事例として―」、第7章「近世中後期村落における印の相続と女性当主―武蔵国多摩郡大沼田新田を事例として―」）。
21　印影については、西光三「徳川将軍家『御印判』製作過程についての一考察―御印判師佐々木家文書を中心に―」（『古文書研究』第69号、2010年）に詳しい。
22　相馬文夫「奥多摩を支配した代官たち（2）」（奥多摩郷土研究会『郷土研究』第15号、奥多摩町教育委員会、2004年）。
23　前掲註16、笹本氏論文・尾崎氏論文。
24　この史料の詳細等については、拙稿「近世百姓の印と印判師―関東諸村落と江戸の印判師を事例として―」（『日本歴史』第822号、2016年）。
25　冨善一敏「山田家印形出入一件について（史料紹介）」（平成15年度～平成18年度科学研究費補助金基盤研究（B）研究成果報告書『日本近世・近代の地主・

名望家を中心とした地域史料の総合的研究』、2007 年)。
26　大島真理夫『近世における村と家の社会構造』(御茶の水書房、1978 年、第 8 章「村役人層の社会的基盤」)。
27　前掲註 10、拙著(第 9 章「近世後期村落における出入と捺印―武蔵国多摩郡大沼田新田を事例として―」)。
28　茨城県立歴史館編『茨城県史料』近世社会経済編Ⅳ (茨城県、1993 年)。
29　前掲註 2、大藤氏論文。
30　前掲註 10、拙著(第 6 章「名主日記にみる村の文書と捺印(二)―武蔵国多摩郡乞田村茂兵衛の明和八年日記から―」)。
31　武士と百姓の関係については、渡辺尚志『武士に「もの言う」百姓たち―裁判でよむ江戸時代―』(草思社、2012 年)で詳しく述べられているように、一方的な支配―被支配では論じられない身分関係にも着目しなければならないだろう。
32　明治 6 年 7 月 5 日太政官布告 239 号(『法令全書』、明治六年、内閣官報局、国立国会図書館デジタルコレクション)。

第7章

「市民」という「身分」について

中 野 雅 紀

はじめに

　大村敦志によれば、民法学者にして、晩年最高裁判所判事を務めた穂積重遠（1883-1953年）は「士大夫」的な「市民」観念を持っていたとされる。その例として、大村は以下のように説明する[1]。

　　「市民」と「ジェントルマン」はともかく、「市民」と「士大夫」との間にはギャップがあるように思われるかもしれない。しかし、（財産と）教養と徳性を備え統治に対して責任を負う、という点では三者は共通している。実は、「市民」と「士大夫」との関係は、明治初期の日本人も意識していたようである。この点は重遠の専門である。
　　「民法」はオランダ語のBurgerlykregt、フランス語のCode civilの翻訳であり、津田真道が提唱し箕作麟祥が普及させたものである。しかし、civil（市民）の訳語として「民」が適当か否かという点につき、当初は異論もあった。「民」は被治者を表すが、シトワイヤン（citoyen＝市民）とは自ら治める者だろうというのである。そこで「都人士」という翻訳も提案された。「都」はブルジョワ（bourgeois

＝都市の人々）としての市民、「士」はシトワイヤンとしての市民をとらえようとするものである。……東洋の教養を持つ明治人にとって、シトワイヤンとは「士大夫」なのである。

ここまで読んで、以下の小説の一節を思い出せたとするならば[2]、わたしがここで論じようとするはなしの筋を容易に理解できるのではなかろうか。

　　　竜馬は、陸奥陽之助と戸田雅樂を階下の離れ座敷にさそい、そこで筆硯を用意させた。
　　「新官制を作らねばならぬ」
　　　竜馬はいった。
　　　その主眼は、議会制度と富国強兵にあり、思想としては人民平等というところにあるが、かといってそれがただちに新政体として実現できるものではない。その理想的政体へ到達するための暫定的な政体をまずつくる必要があった。
　　　なぜならば、現段階では三百諸侯はそのままであり、かれらの土地・人民の支配体制をいますぐ廃止するわけにはいかない。
　　　また人民といっても、百姓や町人は期待できなかった。かれらは知的にも政治的にも未熟であり、その日常感覚は天下国家などとは無縁の、個人の利益の追求だけにとどまっている。かれらをいまただちに新国家成立の要綱に組み入れるのはむりであろう。
　　　公卿にも問題があった。公卿たちは源頼朝の鎌倉幕府樹立以来、政治的失業者として七百年の歳月をへてきている。
　　　となれば、国政担当者としていますぐ期待できるのは、数人の賢明な公卿・大名と、それと諸国における国事奔走の士だけであった。
　　　竜馬にすれば、まずかれらをもって政府要員を構成することであった。これをもって新国家を誕生させる産婆役とし、しかるのち西洋式の政体へ徐々に移行してゆくのが、もっとも無理がない。

もちろん、司馬遼太郎（1923-1996年）が『竜馬がゆく』の中で描く坂本

竜馬（1836-1867年）は実在の人物であるにせよ、あくまで娯楽性を含んだ小説の登場人物であることを忘れてはならない。しかし、司馬が新連載を開始すると古本街から、関連資料がごっそりなくなるという取材能力、そしてこの作品がいまから50年前の作品であるということは看過してはならない。なぜならば、その時代はいまより明治維新という時代は遠いものではなかったし、竜馬自身には子どもはいなかったが、その子どもの世代は十分に健在であったからである[3]。

さらに、司馬は『翔ぶが如く』の中で西郷隆盛（1828-1877年）を以下のように描いている[4]。

> 西郷はあくまでも武士革命論者で、町人百姓の次元のひくい利己的精神ではかれの考える新国家はできないとおもっていた。むしろ外征をおこしていく過程において日本中を武士にすることによってのみこの国を世界のなかに屹立せしめられるとおもっていた。このあたりの西郷の考えは革命的論理性からいえば計算性にとぼしく、多分に夢想的であった。しかし西郷はこの場合冷静な理性よりもゆたかな感情—同情心—でとらえた。
> 「日本は産業もなにもない。武士のみがある。武士という無私な奉公者を排して一体なにがのこるのか。外国に誇るべき精神性がなにもないではないか。」

ところで、この司馬遼太郎は生前、憲法学者樋口陽一と親交を持ち、そして何度が対談をおこなっている。その中で、「士」とは何か、あるいは「士なき国家の悲劇」について語り合っている。ここでは、司馬の質問に対して、京都帝國大学教授市村光恵（1875-1928年）の指摘を使って答える樋口の説明を見てみよう。

樋口によれば、市村は「立憲国家というものは、対立があって初めて動く。ところが日本では、必ずしもヨーロッパの王権対人民のような対立がなかった。だから、日本の人民というのは自分で世論をつくり上げ、自分が政

治を動かしているという緊張感がない」という趣旨のことを書いているとする⁵。そして、この立憲主義を支える人たちこそがシトワイヤンであり、それは「市民」、「小市民」、「公民」と訳されたり、まさに「士」という訳を充てられることもあった⁶。しかし、樋口によれば「フランス革命は本当に根幹から社会をひっくり返す革命で、シトワイヤンを生んだ。日本は百年遅れて、まさに士というものをつくろうとした。かなりいいところまでやったんだけれども、最後に昭和初年の悲劇に終わってしまいます」とされる⁷。

　ここに、本叢書⑭『再帰する法文化』で示したように、近代市民革命の理念の不徹底さの議論が結び付くのである。そもそも、明治以来帝国大学の諸教授は社会進化論の影響を受けていないものはほとんどいないといえるから、この理念と現実の乖離の問題に直面することになる。

　では、ここでいったん「士」という身分から離れて、議論を続けることとしよう。樋口陽一の後継者である石川健治は、近代国家が伝統的な中間団体を破壊・消去したことを根拠として、伝統的な身分論のもとで枢要な身分であった status familiae を破砕し、基本権の構造転換をはかろうとしている⁸。この議論で石川が指摘した重要な点はまず、「個体」としての人間が、例外なく法人格を承認される「身分」を獲得するのには、千年単位の歴史を要したということである。つまり、第一にこの身分獲得までの歴史性の強調がまずあげられよう⁹。それゆえに、石川は status にあえて「地位」ではなく、「身分」という訳語を充てるのである。しかし、それよりも重要な点は、石川が「存在徳性」の規定の観点から近代的な「人権」言説と近代的な「国家」言説を「双生児」であり、同一起源に由来する、と指摘していることである。よりわかりやすく言えば、「対手としての「主権」国家が、その目的を必要最小限度の秩序維持に限定された結果、これに対抗する「人権」も、不意の侵入者としての「国家」に対する「正当防衛権」として観念される……。これまで「基本的人権」がもっぱら「国家からの自由」を軸とした一次元的かつ一方的な権利と観念されてきたのは、そういう消息による。¹⁰」

通常、われわれはこのことを人権ないし基本権の「国家対向性」と呼んできたが、石川の理論によれば国家と基本権はともに言説において「双生児」である以上、それは基本権のみの問題ではなく、国家の問題でもある。その意味で、上述の司馬遼太郎の「この国のかたち」と親和性があると言えよう。しかし、このような論述のすすめかたをすると、上述の「士」の問題が再び浮上してはこないだろうか。

　本稿は本書の最終章として、公法学における「市民」は「士」足りえるのか、という問題を問うものである。

1　市民という地位の創出のストーリー

（1）　司馬遼太郎と「市民」

　司馬遼太郎ではないが、「市民」という「身分」を創出するためには、理論のみならず、一定の歴史上のストーリーを仕立てる必要がある。ましてや、明治維新直後のわが国は「市民」という「身分」はなく、このあたらしい「市民」という「身分」を西欧立憲主義諸国から輸入する必要があった。当然のことながら、彼の地とわが国の歴史は異なるから、むしろ歴史の些細な相違よりも、「市民」という「身分」の発生・採用のながれを理解できるようにすることが肝要である。理論によって「歴史」を偽造してはならないが、「歴史」に忠実であろうとするあまり、「理論」が「歴史」に無理やり当て嵌められてはならない。たとえば、司馬は前述の「竜馬がゆく」の中で坂本竜馬に以下のように言わせている[11]。

　　「成功するかどうかはわからぬが、いまのままの情勢を放置しておけば、日本にもフランスの革命戦争か、アメリカの南北戦争のごときものがおこる。惨禍は百姓町人におよび、婦女小児の死体が累積することになろう。」

　もし、竜馬が本当にこのようなことを言っていたとしたら、彼はフランス

革命やアメリカ市民戦争を積極的には評価していなかったということになるし、また、預言者的な能力があったようにみえる。はたして、いったいどうなのか。

また、司馬は『花神』の中で西郷隆盛の戊申戦争当時の考えを以下のように描いている[12]。

  西郷がいうのに、戊辰戦争がああ早く片づくとはおもわなかった。もっと続いて国内が焦土になるとおもっていた、という。

  「むしろ国内を焦土にすることによって一個の国民ができあがっていくのである」

  という意味のことを西郷はいった。日本中が戦乱の炎で焼かれ、士農工商の階級がその炎のなかで消滅し、工も商も剣をとって戦うことによって江戸期の形式主義がほろび、欧米人に匹敵する国民的自我が成立する、ということを西郷はおもっていたらしい。西郷がもし本気でこれを考えていたとすればかれは革命政略家というより革命の哲学者であったということができるだろう。

これと同じように、ゲオルグ・イェリネック（Georg Jellinek、1851-1911年）をして法主体としての「国民」および「市民」のストーリーを語らしむるのが石川健治である[13]。くしくも、石川は「この碩学に狂言回しの役目を託することとし、彼をして語らしむる」としたが、以下においてはこの碩学に「石川健治」を代入することによって論をすすめていくこととする[14]。

（2）　ゲオルグ・イェリネックと「市民」

独自の近代国家形成過程論からイェリネックの人権類型論の理論的再構築を図るのが石川健治である。その中心になるのが、ゲオルグ・イェリネックの「身分」論である。ところで、なぜ、ここでイェリネックなのか。そして、ここでイェリネックを採り上げる石川健治なのか、それをまず、明らかにしておくことにしよう。言うまでもないが、わが国のイェリネックの紹介

はふるく、美濃部達吉監修によって Georg Jellinek, System der subjektiven öffentlichen Rechte,1892 がすでに 1906 年の段階で『公権論』として翻訳がなされている[15]。しかし、この翻訳の段階で status は「身分」ではあったが、やがて戦後になって美濃部達吉の後継者たちは、この ststus の意味を「身分」から「地位」にシフトさせていった。

　まず、宮沢俊義（1899-1976 年）は以下のように述べる[16]。

　「（イェリネック）によれば、個人は、国家に属することにより、各種の地位にその身を置く。」「イェリネックによれば、国家における個人のその国の一員たる地位は、これらの四つの地位――受動的、消極的、積極的および能動的な地位――につきる。それらの地位は、国家への給付（Leistungen an den Staat）、国家からの自由（Freiheit vom Staat）、国家に対する請求（Forderungen an den Staat）および国家のための給付（Leistungen fur den Staat）をそれぞれの内容とする。」

　宮沢の後継者である芦部信喜（1923-1999 年）は、さらに後者の意味に比重を置き、以下のように述べている[17]。

　「まず注目される学説は、ドイツのイェリネックが『主観的公権の体系』（System der subjektiven öffentlichen Rechte,1892,2.Aufl.1905）という有名な著作において展開した、国民の国家に対する地位の理論である。

　イェリネックは、国家は社会学的にみると団体的統一体であり、それを法学的にみると法人格を有する権利の主体であるとする国家法人説の立場から、基本権は権利主体である国民が権利主体である国家に対して有する公権（subjektiven öffentlichen Rechte）であるとし、これを「個人的公権」と呼び、国家が国民に対して有する公権（「国家的公権」＝国民にとっては「公義務」）と対比させる。そして、この個人的公権および公義務の性質を明らかにするために、国民の国家に対する地位を次の四つに分類する。」

このようにして、ここ50年間、わが国ではstatusは「地位」と訳され、そして人権分類論においてはイェリネックの名前が少なくとも教科書レベルでは語られなくなったために、その本来的意味を忘れられていったのである。ここで重要な点は、石川がなぜ、あえて先祖がえりと言えるstatusを「地位」ではなく、「身分」という本来的な意味で説明しようとするのか、ということである。そこには、あえて一定の「劇薬」が配合されたストーリーが伺えるのである[18]。

まず、石川健治はヨーロッパ法学的な伝統的思考枠組を以下のような「家の身分」を頂点としたものとして説明する。すなわち、ローマ法以来の一般的な身分類型として「家の身分」(status familia)を頂点として、「市（民）の身分」(status civitas)、「自由（人）の身分」(status libertatis)があげられ、権利能力は、それら身分ごとに段階的に異なるものにされてきた、と[19]。この伝統的枠組に対置するのが、①フランス大革命後の中間団体否定論であり、②親子関係の理論で君臣関係を正当化する家父長国家観批判であり[20]そして③伝統的中間団体を表象した伝統的な身分論のもとで枢要な身分であった「家の身分」を徹底的に否定したのがゲオルグ・イェリネックの理論である。石川によれば、イェリネックは「家の身分」をカテゴリーごと消去した[21]。しかし、三つの身分のうち「家の身分」が破壊された以上、近代国民国家は残された「市民の身分」を構造分化しなければならない。ここに、残された身分の役割分担（配分）の必要性が発生する[22]。この石川の企ては、彼の師である樋口陽一の「イェリネックやケルゼンの類型論は、それぞれの権利の論理的性格を分類基準とするもので、権利の歴史的生成によるそれぞれの権利の性格規定に基づく分類は（たとえば、コンドルセ (marquis de condorcet 1743-1794年)の「古代人の自由」(libertes des anciens)と「近代人の自由」(libertes des odernes))、それとは別におこなわれてきた」という解説に対する応答のように見える。そうであるならば、次に、石川によってノミネートされたゲオルグ・イェリネックの「身分」論

をわれわれは見る必要がある。

（3） ゲオルグ・イェリネックによる「身分階層の構造転換」

以下、石川健治「人権享有主体論の再構成——権利・身分・平等の法ドグマティーク」を基にして、イェリネックの「身分階層の構造転換」を概観することとする[23]。

まず、石川はゲオルグ・イェリネックを「国民国家の形成にあわせ、この身分の階層構造を大きく転換させた」「19世紀ドイツを代表する憲法学者である」と評価する。

そして、イェリネックはフランス革命を経て成立した近代市民社会を前提とし、それ以前の国家・社会とちがい「主権」を中心とした「国民」の身分の再構成をはかるのである。この新しい「国民の身分」こそが status civitatis である。

そこにおいては、身分の階層秩序は以下のように再構成されることになる。

第一に、「家の身分」はカテゴリカルに消去されることになる。なぜならば、近代国家が形成される過程において、「家の身分」に代表される中間団体が重畳する中世の身分的編成が、のっぺりとした「国民の身分」一般へと、「ちょうどブルドーザーでならすように、強制的に均質化された」からである。そのようにして、かつて「家」への帰属によって権利能力が左右された人々は、いまや全員が平等な「国民」として、「国家」へ帰属するようになる。

第二に、すべての自然人は「自由人の身分」を享受するものとされる。このようにして、人間が「人間であること」だけを理由に、独立の法人格（権利能力）となることができるようになり、自然「人」は、直ちに、法的にも完全な「人」となる。ここではもはや「国家」への帰属は問題とはならない。しかし他方において、彼らが対峙する国家は主権的＝至高的存在にまで

登りつめた史上最強の政治権力であることを看過してはならない。なぜならば、別稿で示したように、国家は「敵」とまで言う必要性はないが、決して「友」であるわけではないからである[24]。「自由人の身分」であることを国家に請求する資格が自然人にはあるが、もし国家が、その承認を拒んだらどうなるか。この場合には、自らが「国民」であることを理由に、国家の裁判サービスを求めるほかはない。なぜならば、権利保護は「近代国家の自力救済の禁止と引き替えに「国民」に提供しなくてはならない、最低限度のサービス」であると考えられるからである。つまり、すべての自然人に法人格（権利能力）を承認する人権思想が絵に描いた餅にならないのは、「国民の身分」に基づく国家の権利保護によって、それが下支えされているに他ならないからである。

　第三に、一般的身分として「家の身分」が破砕され、その結果、政治社会への参加資格でもあった「家長」の資格も消去されることとなる。しかし、この政治社会への参加資格は無限定に広がるものではない。そこには、一定の資格制限ともいえる限界が求められている。この点について、石川は「「国民」として生まれたからといって乳幼児が国政に参加できないのは自明であって、政治社会への能動的な参加資格を別途探る必要がでてくる（能動的国民の身分）」と述べて、その制限を認めている。そして、彼は続けて「国家を公益目的の法人としてとらえる立場（国家法人説）からすると、法学的には、国家法人の機関（国家機関）として公務に従事する資格のことというふうに、この新たな身分は翻訳されなくてはならない」とする。

　以上のように、近代人は原則としてすべて「自由人の身分」に所属しつ、依然として「国民の身分」、「能動的国民の身分」の階層に組み込まれることとなる。石川健治によれば、「イェリネックは、ここで一計を案じ、機能的な観点から、それらローマ法的な「本名」をもつ諸身分に、「あだ名」をつけることにした。「自由人の身分」は、必要最小限度を超える国家介入を拒否し、国家に対し消極的な不作為を、「国民の身分」は、自力救済を仇棄す

る代わりに、国家に対し権利保護から（裕福な国家なら）社会福祉までの積極的な作為を、それぞれ求める請求権の根拠になる。そこで、前者を「消極的身分」、後者を「積極的身分」と名付けることができる。また、そのようにしてペアが一つできると、「能動的国民の身分」という、文字通り能動的に国家に向かい合う資格の方には、それに見合うペアはないのかということになるが、有罪判決を受けたり税金を取り立てられたりして主権国家に服従を強いられ、かつての status subiection（服属民の身分）に陥る例外的なケースが、それに相当する。そうすると、前者が「能動的身分」、後者が「受動的身分」ということになる。かくして、残りなく法人格を獲得したはずの近代人は、「受動的身分」「消極的身分」「積極的身分」「能動的身分」の四つからなる身分的階層秩序からなる国家世界に生きるという、非常によくできた類型論が完成する。論理的には、あくまで自由人としての「消極的身分」＝「自由人の身分」が軸ではあるが、歴史的には、「積極的身分」＝「国民の身分」が最もポテンシャルの高い身分であることは言うまでもない。実質的には、「国家」への帰属によって、権利行使の内実が左右されることになる。」

　これこそが、われわれが従来知っているところのイェリネックの地位理論の本来的な意義なのである。つまり、従来このように status を理解していなかったとすると、それはドイツ語における status の「あだ名」の翻訳に引きずられすぎていたのである。

　では、平等はどうなるのか。石川は以下のように言う。
「平等で均質な「国民の身分」の成立により、「家」は公法上の身分としては原則的に消去され、「自由人の身分」も均質な国民社会がベースとして成立した。これがイェリネックに由来する人権類型論のなかに、平等権の居場所が見出せない理由である」と。

2 ゲオルグ・イェリネック、あるいは石川健治の「市民」創出のストーリーの問題点

（1） 石川健治がゲオルグ・イェリネックを「ストーリーテラー」として選んだ理由

まず、なぜ石川健治が「公共性の回路」、彼のことばを借りるならば「国家を法学的に考察し、国家と国民の関係を法技術的に論ずる鍵」をゲオルグ・イェリネックの理論に求めたのかということを見てみる必要性がある[25]。それについて、石川は以下のように論ずる[26]。

「イェリネックは、国家の形而上学的実体化を極力回避しようと試み、歴史的＜発展＞のなかで特殊近代的な思考形象として国家を抽象化してきた。他方、今日〝市民主権〟などともち上げられている「市民」も、どこかに存在している実体ではなく、断片的・孤立的な政治事例のなかから、論者が自在に選択し読者が各々構築してゆく、神話論的な作業の結果として生み出された抽象概念である。そして、これまでの日本の憲法学は、江戸幕府や明治政府がもたらした国家の集権性・社会の平準化をアドバンテージとして、国家の物語を選んできたということになる。

この上昇する抽象と下降する抽象は、双対的であり容易に二者択一できるものではない。歴史的過渡期にあると思われる今日においてより重要なのは、二者択一の決着ではなく、両者の共演を持続することである、というべきであろう。イェリネックをストーリーテラーに選んだのは、隣接他分野から提起される新しい社会構想を本当の意味で受け止めるには、まず他分野と通底しあう自己を自身の学問遺産のなかに見出す必要があるという理由に加えて、同じ過渡期の自意識を持ち、板挟みになりながら苦闘を続けた先学の課題は、我々のそれと同型だという想いがあったからである。」

(2) 抽象的「市民概念」「市民状態」のもたらす疑念

　「希望」は一方において「疑念」を生む。『諸学部の争い』のなかでカントは以下に述べている[27]。

　自然が最高の意図としている世界市民的状態が、最終的に体制再編のいくつもの革命がなされた後に、人類の根源的素養がすべて発展させられる母胎としていつの日か実現されるという希望である。

　本稿の最初に取り上げた司馬遼太郎の描いた人物も、旧体制から新体制への変革を目指したものであった。また、若者は「保守的」であるよりも、「革新的」である方が物語の登場人物として魅力的である。しかし、革命が成った閧、それに疑問をもったり、あるいは、革命のさらなる進展をのぞむことは、歴史的に多くみられることである。

　「市民」たる身分は西洋の概念であり、そもそもそのような概念のなかったわが国はその舶来品を継受するしかなかった。しかし、そこにおいては歴史・体制の違いがあり、当然同じものが一朝一夕でできようはずがない。「身分」間の違いをもって、福澤諭吉（1835-1901年）が西洋とわが国の文明を比較する一節として以下のことを指摘している[28]。

　　　　西洋の文明は、その人間の交際に、諸説の並立して漸く相近づき、遂に合して一と為り、以てその間に自由を存したるものなり。これを譬えば、金銀銅鉄等の如き諸元素を熔解して一塊と為し、金にあらず、銀にあらず、また銅鉄にあらず、一種の混和物を生じて、自ずからその平均を成し、互に相維持して全体を保つものの如し。

　つまり、福澤のこの説明によれば、西洋における「市民」とはそもそもいろいろな身分が溶解してできた、「一塊の混和物」であるということになる。混和物とは聞こえが悪いが、この一塊の身分はお互いに調和していることが理解できる。しかし、これが日本ではどうなるのか。福澤は続けて以下のように言う。

　　　　顧て我日本の有様を察すれば、大いにこれに異なり。日本の文明

も、その人間の交際に於て、固より元素なかるべからず。立君なり、貴族なり、宗教なり、人民なり、皆古より我国に存して、各一種族を為し、各自家の説なきにあらざれども、その諸説並立するを得ず、相近づくを得ず、合して一と為るを得ず。これを譬えば、金銀銅鉄の諸品はあれども、これを熔解して一塊と為すこと能わざるが如し。もしあるいは合して一と為りたるが如きものありといえども、その実は諸品の割合を平均して混じたるにあらず。必ず方重片軽、一を以て他を滅し、他をしてその本色を顕わすを得せしめざるものなり。

　また、そもそもそれ以前は存在しなかった「市民」の概念であるから、その創出についてはそれ以前のstatusとの連続性を重視する立場と、旧statusに替る新身分を強調する立場が出てくることは当たり前である。

　前者の例としては、村上淳一（1933-2017年）の説く「家父長制の近代化された体制こそが資本主義である」という考え方である[29]。すなわち、旧体制のstatusを全面否定するのではなく、このstatusを前提として市民社会、すなわち資本主義の「市民」たる「地位」をストーリーとして描き出すのである。

　他方、後者の例としては杉原泰雄の説く革命によって旧statusは全面否定され、そこに「自律的都市民衆」、とりわけ「労働者」を一般的概念たる「市民」として代入するという考え方である[30]。

　このような対立はフランス革命を中心とする市民革命の歴史的とらえ方の相違、この革命の結果、はたして市民社会はいつ完成したのか、そもそもフランス革命の成果である市民状態は「発展」であったのかと問題であり、ひとことで片の付くようなものではない。そもそも、明治維新前後のわが国はフランス革命からわずか半世紀しかたっておらず、その段階で自然法思想、法実証主義、功利主義、進化論、あるいは社会主義などの最新の学問が同時並行的に輸入されることになった。その点では、少なくとも戦前の学者・知識人の判断はけっして過小評価すべきものではない。抽象性は「希望」を呼

第7章　「市民」という「身分」について　179

ぶが、抽象性は先に「範例」が集積されていないと、そのゴール設定ができず「不安」を呼ぶのである。そもそも、わが国に明治維新前に杉原泰雄が言うような「労働者」が存在したのであろうか。あるいは、江戸時代の「武士」階級が「自律的都市民衆」といえるのか。よく考えてみると、アメリカ革命にしても、フランス革命にしても先例がないゆえ、その「範型」を古代ギリシア・ローマのciveにおいていたのではないか。パルテノンのような議事堂や裁判所を見るならば、そのように思わざるをえないのである（厳密には、新古典主義建築 Neoclassical Architecture と言う）。それよりも、長らく「市民」が法理論の「単位的主体」ではなく、そもそも法律論においては「「市民」の不在」が問題ではないのか[31]、との批判も充分に成り立つであろう。

（3）　主観的権利と身分

　次に、新カント主義者であるゲオルグ・イェリネックにおける身分と権利の関係について言及しておくこととする。このことを、自然法—これは今日、非実証主義的基礎づけで説明されるもの—と、法実証主義による権利の基礎づけの観点から見てみることにしよう。まず、『公権論』の冒頭においてイェリネックは以下のように主張する[32]。

　自然法学派は権利と自由を同一のものとし、それを国家以前に存在する始原的なものと考えるのである。つまり、自然法学派は、国家が権利を創設するのではなく、ただたんに権利を承認し、これを保護する組織としてのみ存在するものとしている。このような観点においては、公権と私権を厳格に区別することはできない。なぜならば、もし公権をこのように自然権として解するならば、公権は私権の付随物に過ぎないことになるからである。

　このイェリネックの問題提起を、石川健治は「エゴイズム egoism」問題と名付け、以下のような解決策を模索するのである[33]。

　「自然法による権利の基礎付けがもし本当に得られるのなら、それは定義

により理を伴う自己主張である。だが、自然法による基礎付けが信じられていない場合、自らの理を法的に弁証する最低限度の要件—倫理の最低限—は、現実社会において普遍的に承認された権利主張であることである。この点、個別具体の当事者間においては、権利義務関係につき相互の承認（Anerkennung）が取り付けられていれば、さしあたり充分である。しかし、より広汎な利益圏との関係においては、権利主張につき公共的な承認を調達する特別な仕掛けが必要となる。

すなわち、個別的利害を離れた公共性－公共圏（Offentlichkeit）の存在を何らかの水準において措定し、そこで承認された権利であることを弁証するということ。それが可能でありさえすれば、問題の自己主張は、実体的にも手続的にも公共的な権利主張として、公益を破ってでも自己を貫くことが可能になる。このからくりを仮に「公共性の回路」と呼んでおくと、自己の利益を追求しようとするエゴイズムは、公共性の回路を通すことによって、あたかも錬金術の如く、利他的で公平な公益的主張に生まれ変わり、その内容的普遍化可能性とその技術的執行可能性のいずれをも確保することができる。」

「承認の文脈が国家によって一元化されれば、あらゆる法学的論理が、国家と個人との間の承認関係を軸にして、構成されるようになる。」

（4）　討議理論と地位理論

以上、ゲオルグ・イェリネックは自然法による基礎づけを使わなくとも、「承認」によって「一定の公徳心」をもつ「市民」のstatusから権利を導き出すことに成功したのである。イェリネックの公権がsubjektiven öffentlichen Rechteであるのも当然である。そこで求められる「市民」は「一定の公徳心」や「自己陶冶」が求められるから[34]、そこではフランス革命期のジャック＝ルネ・エベール（Jacques René Hébert, 1757年-1794年）のような庶民受けはするとしても、下品な者はその「典型」とはなりえな

次に、イェリネックの以下の説明は重要である。すなわち、「現実社会において普遍的に承認された権利主張であること」は、「個別具体の当事者間においては、権利義務関係につき相互の承認（Anerkennung）が取り付けられていれば、さしあたり充分である」ということである[35]。イェリネックはあずかり知らぬことだが、このことは、彼の理論が「討議」、「相互承認」、「憲法内在的道徳」を通じてロベルト・アレクシー等の基本権・人権を「ルール・原理・手続」モデルで分析する解釈と結びつくことになろう。なお、詳細はわたしの別稿を見てもらいたいが、ここでは以下の三点を示しておくこととする。

　第一に、ロベルト・アレクシーもゲオルグ・イェリネックのstatus理論を「基本権区分の基盤として現在まで影響を与え続けている」と積極的に評価する[36]。しかし、アレクシーは、イェリネックがstatusからsubjektiven öffentlichen Rechteや請求権が生ずる、あるいは後者が前者に基づいているとするのは問題であるとする。なぜならば、「裸の（補強されていない）権利」から「etwasを求める権利」を帰結することは論理的に可能ではないからである[37]。すなわち、これは石川健治もしばしば指摘するところであるが、イェリネックのいう「人格」は「国家に対して個人を資格づける関連」であり、そして法律学上「ひとつの状態」であり、「ひとつのstatus」であるからである[38]。これらは「権利」と区別されなければならない。

　第二に、このことを回避するためにはアレクシーのように「基本権」を「総体」としてとらえた上で、「総体としての基本権は、さまざまな内容とさまざまな構造をもった地位（Positionen）からなるひとつの束である」とする必要性がある。すなわち、その後でアレクシーが続けているように、「そのような具体的な総体としての地位は、抽象的な総体としての地位と区別されなければならないのである[39]。」このことは石川健治によって意識されていたことであるが、はからずもイェリネックの「国民」・「市民」概念のもつ

抽象性を衝かれることになった。また、現在においてはイェリネックのstatus は彼の学説の説明に使われて、status 自体はもっぱら Position で説明されていることも明らかになった。地位の束は「人格」の多様性にも影響し、人格たる「市民」はひとりで複数の仮面をつけることが可能になったのである。

　第三に、「討議理論」上、アレクシーは「コンセンサス論証」の説明において「平等」を位置づけるのである。彼によれば、「人権の平等」は「何が討議において必要な結果であり、何があり得ない結果であるのかを充分な確実性をもって言うことができる基本的立場の属性」を持つものであり、それゆえに、「自らの主張の理由づけが不充分なのに、対話相手が自分より劣っているということで、反論を認めないとするならば、真のコンセンサスは得られない」ことになる。このように、討議理論の中において「平等」はその地位を見出すことになる[40]。しかし、ここでいう「市民」は「受動的」それではない。討議において、この「市民」は自らの主張を理由をもっておこない、また相手方の主張を理由をもって反対するものである。市民社会においては、このような「真摯さ」が求められているのである。

むすびにかえて

　『大海言』によれば、「士」については以下の三つの意味が挙げられている。

　（一）学芸ナドアリ、又、仕官ナドシテ、人民ノ上流ニ居ル人ノ稱。
　（二）サムラヒ。武士。
　（三）男子の通稱。

　ここで注意すべき点は、（一）の意味で添えられた古語として齊語「處士農工商」が引かれていることである。はたして、冒頭で示した穂積重遠が考えた「士大夫」としての「市民」がこの（一）の意味での「士」であるの

か、「自律的都市民衆」であるのか、「一定の公徳心」をもった「個人」なのか、それとも「討議」ゲームに能動的に参加する「関与者」なのか、今村仁司（1942-2007年）がおそれた「モンスター」としての「群衆」なのか[41]。このような問いを残せれば、本稿の役目は少なくとも果たせたのではないか。

　石川健治によれば、「近代国民」は再編された「受動的身分」「消極的身分」「積極的身分」「能動的身分」からなる四身分からなる社会を生きている[42]。しかし、このことは美内すずえ『ガラスの仮面』の主人公北島マヤが「ガラスの仮面」を着けることをによって、いくつもの演劇上のペルソナを演じるかの如くである。われわれは「市民」として、それまでの社会が知らなかった、このようないくつもの仮面をかぶることができるようになった。すなわち、われわれはかつてないほどのさまざまな「身分」を一生のうちに生きることができるのである。このことが、一番大切なのである。

　最後に、マンガもわが国の誇るひとつの文化であるから、本稿の最後に美内すずえの『ガラスの仮面』の一節をあげて終わることにしよう。

　　　そうだよマヤ
　　　わたし達はガラスのようにもろくてこわれやすい仮面をかぶって演技しているんだ
　　　どんなにみごとにその役になりきってすばらしい演技をしているつもりでも
　　　どうにかすればすぐにこわれて素顔がのぞく
　　　なんてあぶなっかしいんだろう…
　　　このガラスの仮面をかぶりつづけられるかどうかで役者の才能がきまる…
　　　そんな気がする…"—青木麗（美内すずえ『ガラスの仮面　白泉社文庫版　第5巻』p.270 より）

〈注〉

1　大村敦志『穂積重遠　社会教育と社会事業を両翼として』（ミネルバ書房、2013年）288頁。

2　司馬遼太郎「竜馬がゆく　三」『司馬遼太郎全集　第5巻』（文藝春秋、1972年）540-541頁。

3　71. 万国あのにますさん
2017年07月04日 22:34　ID:rKq7.qsd0
※63 司馬さんは書く前に取材したことの3割も書いていないと思う。
ただ戦場が中国であることで、現地の政府や関係者、ロシア関係者、日本のご子孫それぞれの事情からかけないことが多分に出てくる。だから退屈になってしまう。自由にキャラクターが恋したり、裏切ったりできないから色ぽくも謎ときもできやない。
生前司馬さんが日露戦争はまだ歴史が生（なま）だから、映像化しないほうがいいって言っていたのはこのため。
21世紀になってやっとそういう時代になったからNHKがうまいこと脚色して作品にしたわけ。
だから司馬さんはノモンハンや太平洋戦争物はあらかた調べたけど作品にしていないのはそういうこと。当時、影響力が大きすぎて下手には触れない立場の作家だったんだよ。
http://www.all-nationz.com/archives/1066575459.html

4　司馬遼太郎「翔ぶが如く　一」『司馬遼太郎全集　第35巻』（文藝春秋、1983年）103-104頁。

5　樋口陽一×司馬遼太郎「明治国家と平成の日本」『司馬遼太郎対話集─2　歴史を動かす力』（文藝春秋、2002年）474頁。

6　「明治国家と平成の日本」476頁。

7　「明治国家と平成の日本」476頁。

8　石川健治「国籍法違憲大法廷判決をめぐって（1）」『法学教室』343号（2007年）37頁。

9　石川健治「《研究報告》公法における「人」の属性─憲法と「人の法」」『公法研究』75号49頁。

10　石川健治「基本的人権」の主観性と客観性─主観憲法と客観憲法の間─」『岩波講座　憲法2　人権論の新展開』（岩波書店、2007年）4頁。

11　司馬・前掲「竜馬がゆく　三」363 頁。
12　司馬遼太郎「花神　二」『司馬遼太郎全集　第 31 巻』(文芸春秋、1974 年)
13　石川健治「承認と自己拘束―流動する国家像・市民像と憲法学―」『岩波講座　現代の法 1　現代国家と法』(岩波書店、1997 年) 33 頁。
14　石川健治「承認と自己拘束―流動する国家像・市民像と憲法学―」『岩波講座　現代法 1　現代国家と法』(岩波書店、1997 年)、35 頁。
15　美濃部達吉閲・木村鋭一・立花俊吉譯『イエリネック　公権論』(中央大学発行、1906 年)、この「原序」のなかで「一千八百九十八年」との記述から System der subjektiven öffentlichen Rechte の初版訳であることが推測される。
16　宮沢俊義『法律学全集 4　憲法Ⅱ』(有斐閣、1959 年) 88-89 頁。
17　芦部信喜『憲法学Ⅱ　人権総論』(有斐閣、1994 年) 66-67 頁。
18　石川健治「承認と自己拘束―流動する国家像・市民像と憲法学―」『岩波講座　現代法 1　現代国家と法』(岩波書店、1997 年)、35 頁。なお、その際に参考となるのは遅塚忠躬『フランス革命―歴史における劇薬―』(岩波ジュニア新書、1997 年)
19　石川健治「人権享有主体論の再構成―権利・身分・平等の法ドグマティーク」『法学教室』第 320 号 (2009 年)、62 頁。
20　樋口陽一『国法学　人権原論』(有斐閣、2004 年) 9-15 頁、145-148 頁。
21　石川健治「国籍法違憲大法廷判決をめぐって―憲法の観点から (一)」『法学教室』第 343 号 (2009)、37 頁。その逆の立場から、近代国家と近代社会を説明するのが中野剛志である (中野『国力とは何か―経済ナショナリズムの理論と政策』(講談社現代新書、2011 年) 96 頁以下。
22　石川健治「承認と自己拘束―流動する国家像・市民像と憲法学―」『岩波講座　現代法 1　現代国家と法』(岩波書店、1997 年)、44 頁。
23　石川健治「人権享有主体論の再構成」62-67 頁。実のところ、この身分の構造転換の部分は氏の著作でしばしば表現を変えて繰り返して説明されるところなので、どの著作から引用するのか迷ったところではあるが、この論文が「家の身分」、「市民の身分」および「自由人の身分」の個別内容がイェリネックの著作に一番即して説明されていると思ったのであえてここで引用させてもらった。なお、自分の非力さのために誤解を招かないようにするために以下、宍戸による石川の身分の構造転換の説明も付け加えておこう。「『人権の観念』に続いて『人権の分類』を論ずるのが現在の教科書の標準的なスタイルであり、G・イェリネッ

クの分類が『権力からの自由』『権力による自由』『権力への自由』に換骨奪胎され、自由権・社会権・参政権の基本的分類とされるのが通例である。しかしイェリネックの議論は本来、人権条項の分類論として編み出されたものでも人権理論を前提したものでもない。彼の『地位理論』は、石川健治によれば、主権国家がローマ法的な『身分』（status）を解体し、国民の『地位』（status）に再編成するという『強い国家』の物語を背後に置いて、その国家に対する個人の権利を基礎づけるための格闘であった。たとえば、現在では自由権と混同される消極的地位は、国家からの干渉が未だないという『自由の地位』であるにすぎない。『市民』（積極的地位）として国家に承認された者が『意思力』（端的にいえば、裁判上の保護請求権）を行使できてはじめて、先の自由もまた『公法上の権利』になるのである。…このように伝統的分類論のねらいが、対国家的な『権利』性を認めるための作業であったとすれば、分類論にそれ以上の解釈論的意味をもたせることは負荷が重すぎる。…伝統的な分類論は人権条項ではなく、人権条項によって導かれる『権利』を、国家（あるいは国法）との関係や受益の性質から分類したものである。……以上のように、権利の分類としては本来、不作為請求権・作為請求権等の自由・利益の保護のために求められる国家の行為態度のカテゴリーで足りる。むしろ自由権・社会権等の分類は、規範化しようとする生活関係や保護する利益の性質、さらにその条項の前提する国家観・社会観に基づいて人権条項を分類する場合に、用いるべきだろう」（宍戸・前掲書234頁）。

24　拙稿「憲法は私たちの「人権」をどのように守ってくれるの？▶人権を考えるための基礎知識」宍戸常寿編『18歳から考える人権』（法律文化社、2015年）10-11頁。

25　石川健治「承認と自己拘束―流動する国家像・市民像と憲法学―」42頁。

26　石川健治「承認と自己拘束―流動する国家像・市民像と憲法学―」57頁。

27　ハンナ・アーレント（著）仲正昌樹（訳）『完訳　カント政治哲学講義録』（明月堂書店、2009年）87頁。

28　福澤諭吉『文明論之概略』（岩波文庫、1995年）207-208年。

29　村上淳一『ドイツ市民法史』（東京大学出版会、1985年）。

30　杉原泰雄『憲法Ⅰ　憲法総論』（有斐閣、1987年）。

31　石川健治「承認と自己拘束―流動する国家像・市民像と憲法学―」33-34頁。

32　美濃部達吉閲・木村鋭一・立花俊吉譯『イエリネック　公権論』1-2頁。Vgl. Georg Jellinek, System der subjektiven öffentlichen Rechte,1892,2.Aufl.,Tübingen,

1905,S.1.
33 石川健治「承認と自己拘束―流動する国家像・市民像と憲法学―」33-34 頁。
34 石川健治「承認と自己拘束―流動する国家像・市民像と憲法学―」33 頁。
35 Georg Jellinek,Die socialethische Bedeutung von Recht,Unrecht und Strafe,1. Aufl.,Tübingen,1878,S.42ff.
36 Robert Alexy,Grundrecht und Status,in: Stanley L. Paulson und Martin Schulte（Hrsg.）: Georg Jellinek. Beiträge zu Leben und Werk, Tübingen 2000,S.209.
37 Robert Alexy,Theorie der Grundrechte,Baden-Baden,1985,S.202.
38 石川健治「承認と自己拘束―流動する国家像・市民像と憲法学―」33 頁。
39 Alexy, Georg Jellinek,S.209.
40 Robert Alexy,Menschenrechte ohne Metaphysik?, in:DZPhil52, 2004,S.20.
41 今村仁司『群衆－モンスターの誕生』（ちくま新書、1996 年）。
42 石川健治「基本的人権」の主観性と客観性―主観憲法と客観憲法の間―」20頁。

[編者・執筆者紹介＊は編者]

中野雅紀（なかの・まさのり）　＊

1963年生まれ。中央大学大学院法学研究科博士課程前期課程公法専攻修了。京都大学大学院法学研究科法政理論専攻公法専攻後期博士課程単位取得。茨城大学教育学部准教授（法律学）。

主な業績：「人権の基礎付け、類型および審査基準」『公法研究』72号（2010年）、「わが国における「選挙権論」の規範主義的貧困は克服されたのか？」『法学新報』121巻5・6号（2014年）、「ジャン・ボダンの国家の貨幣鋳造権といわゆる"プリコミットメント"理論について」林康史編『貨幣と通貨の法文化』（国際書院、2016年）．ほか。

現在の関心：ドイツの基本権論、基本価値、討議理論など。

出雲　孝（いずも・たかし）　＊

1982年生まれ。中央大学大学院法学研究科博士後期課程民事法専攻修了。博士（法学）（中央大学）。法学博士（フランクフルト大学）。朝日大学法学部准教授（民法）。

主な業績：Die Gesetzgebungslehre im Bereich des Privatrechts bei Christian Thomasius（Peter Lang Verlag, 2015）、『ボワソナードと近世自然法論における所有権論』（国際書院、2016年）、「第6章 近世自然法論における usucapio のオントロジー──グロチウスからカントまでの取得時効論──」『オントロジー法学』（津野義堂〔編〕、中央大学出版部、2017年）。

現在の関心：近世自然法論における通俗主義と黄金律の役割。

木原　淳（きはら・じゅん）

1969年生まれ。東北大学大学院法学研究科博士後期課程修了。博士（法学）。富山大学教養教育院教授。法思想史・法哲学専攻。

主な業績：『境界と自由』（成文堂、2012年）、「生命と所有」富山大経済論集60巻3号（2015年）、「憲法典の解釈は政治的か」富山大経済論集62巻1号（2016年）ほか。

現在の関心：ヘーゲル法哲学の現代的意義、憲法（constitution）の概念など。

齊藤豪大（さいとう・たけひろ）

1988年生まれ。埼玉大学大学院文化科学研究科文化構造研究専攻修士課程修了。一橋大学大学院経済学研究科経済史・地域経済専攻博士後期課程単位取得退学。久留米大学経済学部専任講師（西洋経済史専攻）。
主な業績：「近世スウェーデン塩交易構造の変容（1641-1700）」『茨城大学教育学部紀要（人文・社会科学，芸術）』第62号（2013年）、「近世スウェーデンにおける塩生産の認識──スウェーデン重商主義者アンデシュ・ノルデンクランツを事例に──」『北欧史研究』第32号（2015年）。
現在の関心：近世ヨーロッパ水産経済史、水産資源利用に関する歴史研究、重商主義政策研究など。

大藤慎司（おおとう・しんじ）

1979年生まれ。茨城大学大学院教育学研究科修了。修士（教育学）。中央大学文学研究科博士後期課程単位取得退学。株式会社駿台教育センター／リソー教育非常勤講師。
主な業績：「18世紀から19世紀初頭のプロイセン貴族──『プロイセン貴族＝ユンカー』観念の新たな研究」『茨城大学教育学部紀要 人文・社会科学・芸術』55号（2006年）、「プロイセン改革とマルヴィッツ」『茨城大学教育学部紀要（人文・社会科学・芸術）』56号（2007年）。
現在の関心：プロイセン貴族・将校団、プロイセン改革期の旧シュテンデ等族派、フリードリヒ・アウグスト・フォン・デァ・マルヴィッツ、プロイセンの保守主義。

高崎理子（たかさき・まさこ）

2011年琉球大学大学院人文社会科学研究科総合社会システム専攻博士前期課程修了。中央大学大学院法学研究科公法専攻博士後期課程（国際法専攻）。
主な業績：「国際裁判における文化的考察の意義──プレア・ビヒア寺院事件判決を例として──」小柳春一郎編『災害と法』（国際書院、2014年）、「文化多様性の尊重と女性の権利の保護──ヨーロッパのイスラム服装規制を例として──」北村泰三・西海真樹編『文化多様性と国際法──人権と開発の視点から』（中央大学出版部、2017年）ほか。
現在の関心：文化と国際法、国際裁判における文化的考慮など。

千葉真由美（ちば・まゆみ）

1971 年生まれ。東京学芸大学大学院連合学校教育学研究科（後期博士課程）単位修得満期退学。博士（学術）。茨城大学教育学部准教授（日本近世史専攻）。
主な業績：『近世百姓の印と村社会』（岩田書院、2012 年）、「近世の百姓と衣服」渡辺尚志編『生産・流通・消費の近世史』（勉誠出版、2016 年）、「近世百姓の印と印判師―関東諸村落と江戸の印判師を事例として―」『日本歴史』第 822 号（2016 年）ほか。
現在の関心：印の生産と流通、百姓の衣服、村の女性など。

索　引

アルファベット

affirmative action　64
（Ancienniät）　99
"Ancientäts-Liste"　114
"Rangliste"　114
Selbständigkeit（自立性ないし独立性）　49
status　168
status familiae　168
status subiection（服属民の身分）　175

あ　行

芦部信喜（1923-1999 年）　171
アファーマティブアクション　65
アベ・シェイエス（(Emmanuel-Joseph Sieyès、1748-1836 年）　8
アレント　68
アントニオ・オーガスト・カンサード・トリンダーデ（Antônio Augusto Cançado Trindade）判事　120
「家共同体の利益」　51
イエナ・アウエルシュタット　99, 101, 114
イエナ・アウエルシュタットにおける敗北　17
市村光恵（1875-1928 年）　167
イマヌエル・カント（Immanuel Kant、1724-1804 年）　14
今村仁司（1942-2007 年）　183
インゲボルグ・マウスら　68
ヴォルフ　25, 39, 41, 42, 43, 44, 45
"エリート"　110
王国議会　74, 76, 79, 84, 87, 88
大北方戦争（1700-1721 年）　16
オランダ　26

か　行

カール 12 世（Konung XII, 在位：1697-1718 年）　16
改印　152, 153, 155
家族　24, 25, 30, 36, 45
家長　24, 25, 39, 40, 43
家父長権　status familiae　9, 53
神的な価値　61
神の法　36
神の下の平等　61
『ガラスの仮面』　183
カンサード・トリンダーデ判事　19
カント　49, 177
「関与者」　183
旧政治社会（societas civilis）　49
教育　33, 34, 35, 45
キリスト教　35, 36
近代市民法の理念　47
「近代人の自由」（libertes des odernes）　172

クリスティアン・ヴォルフ（Christian Wolff、1679-1754 年） 13
クリスティアン・トマジウス（Christian Thomasius、1655-1728 年） 13
グロチウス 25, 26, 27, 31, 37, 43, 45
「群衆」 183
経験的属性に基づく国家公民資格 59
啓蒙思想家 47
啓蒙主義的個人像 48
ゲオルグ・イェリネック（Georg Jellinek、1851-1911 年） 8, 170
ケルスティング 53
ゲルマン 39
「（憲）法の下の」平等 61
航海法 84, 87
「狡猾にして自由かつ利己的な人間」 66
公共性－公共圏（Öffentlichkeit） 180
公権（subjektiven öffentlichen Rechte） 171
「公民的自立性（bürgerliche Selbständigkeit）」 56
国際法 26, 37, 39
国内少数者 18
「国民の身分」 174
古代ギリシア・ローマの cive 179
「古代人の自由」（libertes des anciens） 172
婚姻 30, 31, 35, 36, 42, 43
婚姻同棲（eheliche Beiwohnung） 51

さ　行

西郷隆盛（1828-1877 年） 167
「再封建化」 67
坂本竜馬（1836-1867 年） 166
先住民族 18
ザクセン 27
サミュエル・プーフェンドルフ（Samuel von Pufendorf、1632-1694 年） 13
「市（民）の身分」（status civitas） 172
塩 74, 82, 83
『士官名簿 Rangliste der Konigl: Preussischen Armee』 101
自権者（sui iuris） 49
自権者たること（sui　iuris） 56
自然的能力の優越 52
「自然的優越（die natürliche Überlegenheit）」 51, 58
自然法 24, 25, 28, 32, 37, 39, 40, 41, 42, 43, 44
士大夫 165
実印 160
躾 41
実質的価値判断 63
実印 154, 155
実名 152, 153, 154, 155
司馬遼太郎（1923-1996 年） 166
ジャック＝ルネ・エベール（Jacques René Hébert, 1757 年 -1794 年） 180
ジャン・ボダン（Jean Bodin、1530-1596 年） 8
「自由（人）の身分」（status libertatis） 172

重商主義政策　73, 77, 78
十二表法　25, 44
出産　26, 27, 29, 31
「受動的身分」　175
「消極的身分」　175
少数者　121
少数民族　18
商務顧問会議　77, 80, 84, 86, 87, 88
商務代表団　75, 81, 82, 83, 86
「自律的都市民衆」　178
親権　23, 24, 26, 28, 31, 32, 37, 39, 40, 41, 42, 43
スウェーデン　26, 28
スウェーデン王国議会商務代表団（Kommersdeputation）　16
スウェーデン航海法（Produktplakatet）　16, 73, 75, 85
杉原泰雄　178
ステープル諸都市　75, 80, 83, 86, 87, 89
スピリチュアル・ダメージ　19, 131
政治的価値判断　61
世俗の価値秩序　61
「積極的身分」　175
先任権制度　113
先任制　18
相互の承認（Anerkennung）　180

た　行

第3マスケット大隊　111
太政官布告　160, 161
地位（Positionen）　181

地域住民　18
地域的分離　19
懲戒　34, 35, 40, 43
デンマーク　28
ドイツ　23, 32
トマジウス　23, 25, 32, 33, 35, 36, 37, 38, 39, 41, 43, 45
豊臣秀吉　19

な　行

長い19世紀　114
七年戦争　111
認知　29
年功序列制　18
「能動的国民の身分」　174, 175

は　行

バイエルン継承戦争　111
非政治的かつ純粋な法律判断　69
等しいものを等しく、等しくないものは等しくなく取扱うべき　61
ヒューゴ・グロチウス（Hugo Grotius、1583-1645年）　13
夫婦　24, 27, 31, 37, 39, 42, 43, 44
プーフェンドルフ　25, 27, 28, 29, 31, 34, 35, 36, 43, 45
福澤諭吉（1835-1901年）　8, 177
物件的ありようをもつ対人的権利（auf dingliche Art persönliches Recht）　50

物権的対人権　50
扶養　33, 34, 35
フランス　26
フリードリヒ・ヴィルヘルム一世　18, 111
フリードリヒ大王　113
プロイセン　32, 39, 41
プロイセン軍制改革　17
プロイセン将校団の序列・昇進　17
文書行政　144, 155, 159, 161
文書社会　19, 143
文書の授受　19
米州人権裁判所　19
米州人権条約　125
兵農分離　143
兵農分離政策　19
ヘーゲル『法哲学』　68
編制順表（Stammliste）　101
法学提要　38
『法論』　49
穂積重遠（1883-1953年）　165

ま　行

マックス・ウェーバー（Max Weber、1864-1920年）　10, 14

万民法　28, 37, 38
「身分階層の構造転換」　173
身分的分離　19
宮沢俊義（1899-1976年）　171
民族　37, 38, 39
村請　143, 144, 161
村掟　147, 148, 149, 161
村上淳一（1933-2017年）　49, 178
モアワナ共同体対スリナム事件　19, 120

ら　行

ラートブルフ　65
「利潤追求と打算に終始する商人像」　66
理性的判断能力を有する自律的主体　48
理性法　43
"離任年数"　110
離任年数　111
「労働者」　178
ローマ法　24, 25, 32, 39, 43
ロベルト・アレクシー　181

わ　行

ワイマール憲法109条　62

［叢書刊行委員］（※は叢書刊行委員長）
高塩　博＊　國學院大學
岩谷十郎　慶應義塾大学
岩波敦子　慶應義塾大学
王　雲海　一橋大学
津野義堂　中央大学
森　征一　常磐大学
山内　進　一橋大学名誉教授

身分：
法における垂直関係と、水平関係
法文化（歴史・比較・情執）叢書 ⑮

編者　中野雅紀

2017 年 12 月 10 日初版第 1 刷発行

・発行者——石井　彰　　　　　・発行所
モリモト印刷（株）

KOKUSAI SHOIN Co., Ltd.
3-32-5, HONGO, BUNKYO-KU, TOKYO, JAPAN.

Ⓒ 2017 by Socitey of the Study
of Legal Culture

株式会社 **国際書院**
〒113-0033 東京都文京区本郷 3-32-6-1001
TEL 03-5684-5803　　FAX 03-5684-2610
Eメール：kokusai@aa.bcom.ne.jp
http://www.kokusai-shoin.co.jp

（定価＝本体価格 3,600 円＋税）
ISBN978-4-87791-285-7 C3032 Printed in Japan

本書の内容の一部あるいは全部を無断で複写複製（コピー）することは法律でみとめられた場合を除き、著作者および出版社の権利の侵害となりますので、その場合にはあらかじめ小社あて許諾を求めてください。

国際政治

鈴木 隆
東アジア統合の国際政治経済学
――ASEAN地域主義から自立的発展モデルへ
87791-212-3　C3031　　　A5判　391頁　5,600円

国際システム下における途上国の発展過程、とりわけASEANを中心に国家・地域・国際システムの三つのリンケージ手法を用いて分析し、「覇権と周辺」構造への挑戦でもある東アジア統合の可能性を追う。　　　　　　　　　　(2011.2.)

金 永完
中国における「一国二制度」とその法的展開
――香港、マカオ、台湾問題と中国の統合
87791-217-8　C3031　　　A5判　000頁　5,600円

北京政府の「「一国二制度」論について、香港、マカオ問題の解決の道筋をたどりつつ、法的諸問題に軸足を置き、国際法・歴史学・政治学・国際関係学・哲学的な視点から文献・比較分析をおこない解決策を模索する。　　　　　　　　(2011.3.)

宮本光雄先生
覇権と自立
――世界秩序変動期における欧州とアメリカ
87791-219-2　C3031　　　A5判　377頁　5,600円

発展途上諸国の経済発展および発言権の増大という条件のなかで欧州諸国では欧米間の均衡回復が求められており、「均衡と統合」、「法の支配」を柱とした「全人類が公正に遇され」る世界秩序を求める模索が続いている。　　　　　　　(2011.3)

鈴木規夫
光の政治哲学
――スフラワルディーとモダン
87791-183-6　C3031　　　A5判　327頁　5,200円

改革・開放期における市場経済化を契機とする農村地域の社会変動に対応して、基層政権が下位の社会集団、利益集団といかなる関係を再構築しつつあるかを跡づけ、農村地域の統治構造の再編のゆくへを考察する。　　　　　　(2006.3)

鈴木規夫
現代イスラーム現象
87791-189-8　C1031　　　A5判　239頁　3,200円

1967年の第三次中東戦争から米軍によるバグダッド占領までの40年に及ぶ「サイクル収束期」の位置づけを含め、20世紀後半の〈イスラーム現象〉が遺した現代世界における被抑圧者解放への理論的諸課題を探る。　　　　　(2009.3)

森川裕二
東アジア地域形成の新たな政治力学
――リージョナリズムの空間論的分析
87791-227-7　C3031　　　A5判　　頁　5,400円

東アジア共同体を遠望することはできるのか。方法論的理論の探求、定量研究、事例研究をとおして地域形成と地域主義がどのような関係をもつのか、地域協力によって積み上げられてきたこの地域の国際関係論を探求する。　　　　(2012.5)

水田愼一
紛争後平和構築と民主主義
87791-229-1　C3031　　　A5判　289頁　4,800円

世界各地では絶えず紛争が発生している。紛争後における平和構築・民主主義の実現の道筋を、敵対関係の変化・国際社会の介入などの分析をとおして司法制度・治安制度・政治・選挙制度といった角度から探究する。　　　　(2012.5)

上杉勇司・藤重博美・吉崎知典編
平和構築における治安部門改革
87791-231-4　C3031　¥2800E　A5判　225頁　2,800円

内外の安全保障、国内の開発を射程に入れた紛争後国家再生の平和支援活動の工程表を展望した「治安部門改革」における理論と実践の矛盾を率直に語り、鋭い問題提起をおこないつつ平和構築を追求した。　　　　　　　　(2012.8)

野崎孝弘
安全保障の政治学
――表象的次元から見る国際関係
87791-235-2　C3031　　　A5判　249頁　5,000円

横領行為や悪用に対抗する意志を持たない「人間の安全保障」。表象分析によって特定の表象や学術的言説が現行の権力関係や支配的な実践系を正当化し、常態化している姿を本書は白日の下にさらす。　　　　　　　　(2012.9)

国際政治

大賀　哲編
北東アジアの市民社会
——投企と紐帯

87791-246-8　C1031　¥2800E　　A5判　233頁　2,800円

日本・中国・韓国・台湾などの事例研究を通して、国家の枠内における市民社会形成と国家を超えた北東アジアにおけるトランスナショナルな市民社会との相互作用を検討し、「アジア市民社会論」を展開する。 (2013.5)

今田奈帆美
大国の不安、同盟国の影響力
——ベルリン危機をめぐる米独関係

87791-245-1　C3031　　A5判　267頁　5,600円

大国と同盟関係にある相対的弱小国が一定の条件の下で大国の外交政策に影響力を持つことを、冷戦下でのベルリン危機をめぐる米独関係を1次、2次、3次にわたる経緯をつぶさに追って検証する。 (2013.5)

本多美樹
国連による経済制裁と人道上の諸問題
——「スマート・サンクション」の模索

87791-252-9　C3031　　A5判　319頁　5,600円

国連が、集団的安全保障の具体的な手段である「非軍事的措置」、とりわけ経済制裁を発動し継続して科していく際にどのようなモラルを維持し、国際社会に共通する脅威に取り組んでいくのか、その過程を考察する。 (2013.9)

岩佐茂・金泰明編
21世紀の思想的課題
——転換期の価値意識

87791-249-9　C1031　　A5判　427頁　6,000円

近世、近代から現代にかけての世界の歴史を、こんにち、グローバルな転換期を迎えている世界の思想的な挑戦と捉え、日本、中国の哲学研究者が総力をあげて応える手がかりを見出す試みである。 (2013.10)

鈴木規夫編
イメージング・チャイナ
——印象中国の政治学

87791-257-4　C3031　　A5判　245頁　3,200円

〈中国〉は未だ揺らいだ対象である。21世紀においてこの〈中国〉というこの名辞がどのようなイメージに変容していくのか。本書では、「印象中国」から視覚資料・非文字資料への分析・批判理論構築の必要性を追究する。 (2014.4)

永井義人
国家間対立に直面する地方自治体の国際政策
——山陰地方における地方間国際交流を事例として

87791-256-7　C3031　　A5判　199頁　4,800円

北朝鮮江原道元山市との友好都市協定に基づく経済交流をおこなっていた鳥取県、境港市における国際政策・政策決定過程をつぶさに見るとき、国家間対立を乗り越えるひとつの道筋とその方向性を示唆している。 (2014.4)

武者小路公秀
国際社会科学講義：
文明間対話の作法

87791-264-2　C1031　¥2500E　　A5判　347頁　2,500円

現代世界の問題群・存在論的課題の解明のために「螺旋的戦略」を提起する。技術官僚的パラダイム偏向を正し、形式論理学を超えた真理を求めるパラダイム間の対話、声なき声を聞きここに新しいフロンティアを開く。 (2015.2)

鈴木規夫編
エネルギーと環境の政治経済学：
「エネルギー転換」へいたるドイツの道

87791-266-4　C3031　¥4600E　　A5判　424頁　4,600円

ドイツのエネルギー政策の転換を生み出すに至る第二次世界大戦後の政治的・経済的・法制的・社会的プロセスな分析し、再生可能エネルギーの供給体制確保を中心に、将来エネルギーの全体像を明らかにする。 (2015.11)

宇野重昭／鹿錫俊編
中国における共同体の再編と内発的自治の試み
——江蘇省における実地調査から

87791-148-0　C3031　　A5判　277頁　2,800円

現代中国における権力操作との関係のなかで、民衆による自治・コミュニティというものの自発的・内発性がどのように成長しているか、合同調査チームによる江蘇省における実地調査を通して追跡する。 (2004.6)

国際政治

阪口 功
地球環境ガバナンスとレジーム発展のプロセス
——ワシントン条約とNGO・国家

87791-152-9　C3031　　　　A5判　331頁　5,800円

[21世紀国際政治学術叢書⑤] ワシントン条約のアフリカ象の取引規制問題に分析の焦点を当て、レジーム発展における具体的な国際交渉プロセスの過程に「討議アプローチ」を適用した最初の試みの書。　　　　　　　　　　　　　　　　（2006.2）

野崎孝弘
越境する近代
——覇権、ヘゲモニー、国際関係論

87791-155-3　C3031　　　　A5判　257頁　5,000円

[21世紀国際政治学術叢書⑥] 覇権、ヘゲモニー概念の背後にある近代文化の政治現象に及ぼす効果を追跡し、「越境する近代」という視点から、国際関係におけるヘゲモニー概念への批判的検討をおこなう。　　　　　　　　　　　　　　　　（2006.4）

玉井雅隆
CSCE少数民族高等弁務官と平和創造

87791-258-1　C3031　　　　A5判　327頁　5,600円

[21世紀国際政治学術叢書⑦] 国際社会の平和をめざす欧州安全保障協力機構・少数民族高等弁務官（HCNM）の成立に至る議論の変化、すなわちナショナル・マイノリティに関する規範意識自体の変容をさまざまな論争を通して追究する。（2014.7）

武者小路公秀監修
ディアスポラを越えて
——アジア太平洋の平和と人権

87791-144-8　C1031　　　　A5判　237頁　2,800円

[アジア太平洋研究センター叢書①] アジア太平洋地域の地域民族交流システムを歴史の流れの中で捉える「ディアスポラ」を中心テーマにし、単一民族という神話から開放された明日の日本の姿をも追究する。　　　　　　　　　　　　　　　　（2005.3）

武者小路公秀監修
アジア太平洋の和解と共存
——21世紀の世界秩序へ向けて

87791-178-2　C1031　¥3200E　A5判　265頁　3,200円

[アジア太平洋研究センター叢書②] 第二次世界大戦の再評価をめぐって、60年前の失敗と教訓を探りだし、戦後の欧州の経験、アジアでの軌跡をたどりつつ21世紀の新世界秩序へ向けて白熱した議論が展開する。　　　　　　　　　　　　　（2007.3）

武者小路公秀監修
ディアスポラと社会変容
——アジア系・アフリカ系移住者と多文化共生の課題

87791-168-3　C1031　　　　A5判　295頁　3,200円

[アジア太平洋研究センター叢書③] 人種主義の被害を受けながら、移住先の国々でさまざまな貢献をしている何世代にわたるアジア系、アフリカ系移住者たちの不安、願望といった人間としての諸相を明らかにしようとする暗中模索の書である。　　　　（2008.3）

国際経済

山城秀市
アメリカの政策金融システム

87791-173-7　C3033　　　　A5判　291頁　5,400円

アメリカの連邦信用計画・政策金融を政府機関および政府系金融機関の活動に焦点を当て、産業政策・経済動向といった歴史的推移の中で分析し、あらためてわが国における政策金融のありかたに示唆を与える。　　　　　　　　　　　　（2007.9）

坂田幹男
開発経済論の検証

87791-216-1　C1033　　　　A5判　217頁　2,800円

東アジアのリージョナリズムの展望は、市民社会および民主主義の成熟こそが保障する。戦前この地域に対して「権力的地域統合」を押しつけた経験のある日本はそのモデルを提供する義務がある。　　　　　　　　　　　　　　　（2011.4）

国際経済　　　　　　　　　　　　　　　　　　　　　　　　　　　　　　国際社会

大和田滝惠・岡村 堯編
地球温暖化ビジネスのフロンティア
87791-218-5　C1034　　　　　　A5判　313頁　2,800円

企業の意欲が自らの成長と地球の維持を両立させられるような国際環境の醸成ビジョンを提示する作業を通して、地球温暖化科学、政策化プロセス、国際交渉の視点などの「企業戦略のためのフロンティア」を追究する。　　　　　　　　　(2011.3.)

立石博高／中塚次郎共編
スペインにおける国家と地域
──ナショナリズムの相克
87791-114-6　C3031　　　　　　A5判　295頁　3,200円

本書は、地域・民族、地域主義・ナショナリズム、言語の歴史的形成過程を明らかにしながら、カタルーニャ、バスク、ガリシア、アンダルシアを取り上げ、歴史的現在のスペイン研究に一石を投じる。　　　　　　　　　(2002.6)

ジョン・C・マーハ／本名信行編著
新しい日本観・世界観に向かって
906319-41-6　C1036　　　　　　A5判　275頁　3,107円

アイヌの言語とその人々、大阪の文化の復活、日本における朝鮮語、ニューカマーが直面する問題、日本とオーストラリアの民族の多様性などの検討を通して、国内での多様性の理解が世界レベルの多様性の理解に繋がることを主張する。　(1994.2)

林　武／古屋野正伍編
都市と技術
906319-62-9　C1036　　　　　　A5判　241頁　2,718円

「日本の経験」を「都市と技術」との関わりで検討する。技術の基本的な視点を自然や社会との関わり、技術の担い手としての人間の問題として捉え、明治の国民形成期の都市づくり、職人層の活動に注目し、技術移転の課題を考える。　(1995.1)

奥村みさ
文化資本としてのエスニシティ
──シンガポールにおける文化的アイデンティティの模索
87791-198-0　C3036　　　　　　A5判　347頁　5,400円

英語圏文化および民族の主体性としての文化資本を駆使し経済成長を遂げた多民族都市国家シンガポールは、世界史・アジア史の激変のなかで持続可能な成長を目指して文化的アイデンティティを模索し、苦闘している。　(2009.7)

渋谷　努編
民際力の可能性
87791-243-7　C1036　3200E　　A5判　261頁　3,200円

国家とは異なるアクターとしての民際活動が持つ力、地域社会におけるNPO・NGO、自治体、大学、ソーシャルベンチャー、家族といったアクター間の協力関係を作り出すための問題点と可能性を追求する。　　　　　　　(2013.2)

駒井　洋
移民社会日本の構想
906319-45-9　C1036　　　　　　A5判　217頁　3,107円

[国際社会学叢書・アジア編①]　多エスニック社会化を日本より早期に経験した欧米諸社会における多文化主義が今日、批判にさらされ、国家の統合も動揺を始めた。本書は国民国家の妥当性を問い、新たな多文化主義の構築を考察する。　(1994.3)

マリア・ロザリオ・ピケロ・バレスカス　角谷多佳子訳
真の農地改革をめざして──フィリピン
906319-58-0　C1036　　　　　　A5判　197頁　3,107円

[国際社会学叢書・アジア編②]　世界資本主義の構造の下でのフィリピン社会の歴史的従属性と決別することを主張し、社会的正義を追求した計画を実践する政府の強い意志力と受益農民の再分配計画への積極的関与を提唱する。　(1995.5)

国際社会

中村則弘

中国社会主義解体の人間的基礎
――人民公社の崩壊と営利階級の形成

906319-47-5 C1036　　　　A5判　265頁　3,107円

[国際社会学叢書・アジア編③] 他の国や地域への植民地支配や市場進出、略奪を行わない形で進められてきた自立共生社会中国の社会主義解体過程の歴史的背景を探る。人民公社の崩壊、基層幹部の変質などを調査に基づいて考察する。
(1994.6)

陳　立行

中国の都市空間と社会的ネットワーク

906319-50-5 C1036　　　　A5判　197頁　3,107円

[国際社会学叢書・アジア編④] 社会主義理念によって都市を再構築することが中国の基本方針であった。支配の手段としての都市空間と社会的ネットワークが、人々の社会関係を如何に変容させていったかを考察する。
(1994.8)

プラサート・ヤムクリンフング　松薗裕子／鈴木規之訳

発展の岐路に立つタイ

906319-54-8 C1036　　　　A5判　231頁　3,107円

[国際社会学叢書・アジア編⑤] タイ社会学のパイオニアが、「開発と発展」の視点で変動するタイの方向性を理論分析する。工業化の効果、仏教の復活、政治の民主化などを論じ、価値意識や社会構造の変容を明らかにする。
(1995.4)

鈴木規之

第三世界におけるもうひとつの発展理論
――タイ農村の危機と再生の可能性

906319-40-8 C1036　　　　A5判　223頁　3,107円

[国際社会学叢書・アジア編⑥] 世界システムへの包摂化と商品化が社会変動を生じさせ、消費主義の広がり、環境破壊などの中で、「参加と自助」による新しい途を歩み始めた人々の活動を分析し、新たな可能性を探る。
(1993.10)

田巻松雄

フィリピンの権威主義体制と民主化

906319-39-4 C1036　　　　A5判　303頁　3,689円

[国際社会学叢書・アジア編⑦] 第三世界における、80年代の民主化を促進した条件と意味を解明することは第三世界の政治・社会変動論にとって大きな課題である。本書ではフィリピンを事例として考察する。
(1993.10)

中野裕二

フランス国家とマイノリティ
――共生の「共和制モデル」

906319-72-6 C1036　　　　A5判　223頁　2,718円

[国際社会学叢書・ヨーロッパ編①] コルシカをはじめとした地域問題、ユダヤ共同体、移民問題など、「国家」に基づく共存の衝突を描く。共和制国家フランスが、冷戦崩壊後の今日、その理念型が問われている。
(1996.12)

畑山敏夫

フランス極右の新展開
――ナショナル・ポピュリズムと新右翼

906319-74-2 C1036　　　　A5判　251頁　3,200円

[国際社会学叢書・ヨーロッパ編②] 1980年代のフランスでの極右台頭の原因と意味を検証。フランス極右の思想的・運動的な全体像を明らかにして、その現象がフランスの政治的思想的価値原理への挑戦であることを明らかにする。
(1997.6)

高橋秀寿

再帰化する近代――ドイツ現代史試論
――市民社会・家族・階級・ネイション

906319-70-X C1036　　　　A5判　289頁　3,200円

[国際社会学叢書・ヨーロッパ編③] ドイツ現代社会の歴史的な位置づけを追究する。「緑の現象」、「極右現象」を市民社会、家族、階級、ネイションの四つの領域から分析し、新種の政党・運動を生じさせた社会変動の特性を明らかにする。
(1997.7)

石井由香

エスニック関係と人の国際移動
――現代マレーシアの華人の選択

906319-79-3 C1036　　　　A5判　251頁　2,800円

[国際社会学叢書・ヨーロッパ編・別巻①] 一定の成果を上げているマレーシアの新経済政策（ブミプトラ政策）の実践課程を、エスニック集団間関係・「人の移動」・国際環境の視点から考察する。
(1999.2)

| 国際社会 | 国際史 | 法 |

太田晴雄
ニューカマーの子どもと日本の学校

87791-099-9　C3036　　　　A5判　275頁　3,200円

[国際社会学叢書・ヨーロッパ編・別巻②] 外国生まれ、外国育ちの「ニューカマー」の子供たちの自治体における対応策、小・中学校における事例研究を通して教育実態を明らかにしつつ、国際理解教育における諸課題を検討し、多文化教育の可能性を探る。　　　　　　　　　　　　　　（2000.4）

藤本幸二
ドイツ刑事法の啓蒙主義的改革とPoena Extraordinaria

87791-154-5　C3032　　　　A5判　197頁　4,200円

[21世紀国際史学術叢書①] Poena Extraordinariaと呼ばれる刑事法上の概念が刑事法の啓蒙主義的改革において果たした役割と意義について、カルプツォフの刑事法理論を取り上げつつ、仮説を提示し刑事法近代化前夜に光りを当てる。（2006.3）

遠藤泰弘
オットー・フォン・ギールケの政治思想
――第二帝政期ドイツ政治思想史研究序説

87791-172-0　C3031　　　　A5判　267頁　5,400円

[21世紀国際史学術叢書②] 19ないし20世紀初頭の多元的国家論の源流となったギールケの団体思想、政治思想の解明をとおして、現代国際政治・国内政治において動揺する政治システムに一石を投ずる。　　　　　　　　　　　　　　（2007.12）

権　容奭
岸政権期の「アジア外交」
――「対米自主」と「アジア主義」の逆説

87791-186-7　C3031　　　　A5判　305頁　5,400円

[21世紀国際史学術叢書③] 東南アジア歴訪、日印提携、日中関係、レバノン危機とアラブ・アフリカ外交そして訪欧、在日朝鮮人の「北送」など岸政権の軌跡の政治的深奥を見極めつつ日本の「アジアとの真の和解」を模索する。　　（2008.11）

矢崎光圀／野口寛／佐藤節子編
転換期世界と法
――法哲学・社会哲学国際学会連合会第13回世界会議

906319-01-7　C3001　　　　A5判　267頁　3,500円

転換期世界における法の現代的使命を「高度技術社会における法と倫理」、「新たな法思想に向けて」を柱にして論じ、今日の「法、文化、科学、技術――異文化間の相互理解」を求める。本書は世界、法と正義、文化の深淵を示唆する。　　（1989.3）

坂本百大／長尾龍一編
正義と無秩序

906319-12-2　C3032　　　　A5判　207頁　3,200円

自由から法に至る秩序形成過程を跡づけながら、正義という社会秩序の理念と社会解体への衝動との緊張関係という、社会秩序に内在する基本的ジレンマを追究する。いわば現代法哲学の諸問題の根源を今日、改めて本書は考える。　　（1990.3）

水林　彪編著
東アジア法研究の現状と将来
――伝統的法文化と近代法の継受

87791-201-7　C3032　　　　A5判　287頁　4,800円

日中韓における西欧法継受の歴史研究および法の現状ならびに東アジア共通法の基盤形成に向けての提言を通して「東アジア共通法」を遠望しつつ、「東アジアにおける法の継受と創造」の研究、教育が本書のテーマである。　　　（2009.11）

法

後藤　昭編
東アジアにおける市民の刑事司法参加
87791-215-4　C3032　　　　　A5判　271頁　4,200円

日・中・韓における「市民の刑事司法参加」を論じた本書は、①制度の生成、②機能、③政治哲学、④法文化としての刑事司法、といった側面から光を当て、各国の違いと共通項を見出し、制度の今後の充実を促す。(2011.2.)

高橋滋／只野雅人編
東アジアにおける公法の過去、現在、そして未来
87791-226-0　C3032　　　　　A5判　357頁　3,400円

グローバル化の世界的潮流のなかで、東アジア諸国における法制度の改革、整備作業の急速な進展を受けて、①西洋法の継受の過程、②戦後の経済発展のなかでの制度整備、③将来の公法学のあり方を模索する。(2012.3.)

稲田俊信
商法総制・商行為法講義
906319-61-0　C3032　　　　　A5判　195頁　2,200円

基本的事項を分かり易く説明し、どのような法的考え方が現代社会にとって有効か、また将来への先導制を有するものであるか、過去はどうであったかを考える。本書は「制度の維持」より「利用者の権利」を中心に叙述されている。(1995.5)

山村忠平
監査役制度の生成と発展
906319-73-4　C3032　　　　　四六判　185頁　2,600円

監査役制度の制度的展開の基礎事情を説明する。監査役制度を商法の枠組みから論述し、背景の社会的要請をも検討し、併せてその延長線上に展望される監査役制度の発展の方向を示唆する。今日見直される監査役制度の新しい理論書。(1997.3)

王　雲海
賄賂はなぜ中国で死罪なのか
87791-241-3　C1032　￥2000E　　A5判　157頁　2,000円

賄賂に関する「罪と罰」を科す中国、日本、アメリカの対応を通して、それぞれの国家・社会の本質を追究する筆致は迫力がある。それは「権力社会」であり、「文化社会」あるいは、「法律社会」と筆者は規定する。(2013.1)

加藤哲実
宗教的心性と法
——イングランド中世の農村と歳市
87791-242-0　C3032　￥5600E　　A5判　357頁　5,600円

法の発生史をたどるとき、法規範の発生そのものに宗教的心性がかかわっていた可能性を思い描きながら、イングランド中世の農村および市場町の慣習と法を通しての共同体および宗教的心性を探る。(2013.2)

菊池肇哉
英米法「約因論」と大陸法
——「カウサ理論」の歴史的交錯
87791-244-4　C3032　￥5200E　　A5判　261頁　5,200円

17世紀初頭に成立した英米法の「約因論」と17世紀以降成立した大陸法の「カウサ理論」における「歴史的比較法」の試みを通して、両者が深い部分で複雑に絡み合っている姿を学問的な「見通し」をもって追究した。(2013.3)

小野博司・出口雄一・松本尚子編
戦時体制と法学者
1931〜1952
87791-272-7　C3032　￥5600E　　A5判　415頁　5,600円

公法・私法・刑法・経済法・社会法、それぞれの学問分野を可能な限り取り上げ、戦時日本における「法治主義の解体」の実相に迫り、21世紀の法および法学研究の羅針盤の発見を見通す作業の書である。(2016.3)

出雲　孝
ボワソナードと近世自然法論における所有権論：
所有者が二重売りをした場合に関するグロチウス、プーフェンドルフ、トマジウスおよびヴォルフの学説史
87791-277-2　C3032　￥6400E　　A5判　　頁　6,400円

国際法の側面、立法の基礎理論の提供、かつ「世界道徳」を内在させる自然法に関し、啓蒙期自然法論とボワソナードの法思想が異なるという通説を近世自然法論における二重売りの問題を通して検証する。(2016.9)

小野田昌彦

法の条件
―法学新講

906319-43-2　C1032　　　A5判　319頁　3,107円

近代市民法の思想的背景から説き起こし、20世紀における法の実態を鮮明にしながら、我が国の現行法制度の構造を浮き彫りにする。法現象の理論的渊源を論理的に追究する思考訓練の方法も示され、各種の国家試験にも有益である。
(1993.12)

山川一陽

新民法のはなし

87791-228-4　C1032　　　A5判　317頁　3,200円

初めて民法を学ぶ人のための入門書。民法が日常生活においてどのように運用され、どのような機能を発揮しているのか。事例を示しながら話しことばで書かれた民法全体を解説する「民法の本」である。
(2012.3)

山川一陽編著

法学入門

906319-49-1　C1032　　　A5判　361頁　3,689円

法の歴史を述べ、日本法の「法の十字路」としての性格を明らかにする。各種の基本法の必須事項を示した上で、実際の裁判がどのように行われるかを解説する。保健関係法を扱った「社会法」、国際私法についても説明が行われる。
(1994.5)

山内　進編

混沌のなかの所有

87791-101-4　C3032　　　A5判　283頁　3,800円

［法文化（歴史・比較・情報）叢書①］地域や集団の歴史的過去や文化構造を含む概念としての法文化における対立と交流を総合的に考察する。本書は「自己所有権」に基づく近代所有権思想に21世紀的問い掛けをする。
(2000.10)

加藤哲実編

市場の法文化

87791-117-0　C3032　　　A5判　281頁　3,800円

［法文化（歴史・比較・情報）叢書②］市場あるいは交換や取引の背後にある法文化的背景、法文化的意味を探る本書は、地理的・歴史的な角度から、市場経済、市場社会などの概念が持つ深層の意味理解に向けて果敢な挑戦を試みた。
(2002.2)

森　征一編

法文化としての租税

87791-143-×　C3032　　　A5判　229頁　3,200円

［法文化（歴史・比較・情報）叢書③］租税を法文化として捉え直し、租税の歴史の深層に入り込むことによって問題の根源を浮上させ、21世紀の租税の姿を描くべく法学としての租税の新しい地平を開拓する。
(2005.3)

森田成満編

法と身体

87791-149-9　C3032　　　A5判　223頁　3,600円

［法文化（歴史・比較・情報）叢書④］生物進化と法、イスラム法での身体と内面、自己・所有・身体、王の身体・法の身体、犯罪人類学と人種、身体刑と生命刑の連続性と非連続性、清代の医療提供の仕組みなどを論ず。
(2005.9)

津野義堂

コンセンサスの法理

87791-149-2　C3032　　　A5判　239頁　3,600円

［法文化（歴史・比較・情報）叢書⑤］本書は、キケロー・古典期ローマ法・イギリス契約法・無名契約・引渡しの正当原因・典雅法学・ヘーゲルの契約論・婚姻・所有権におけるコンセンサスの意味を明らかにする。
(2007.5)

林　康史編

ネゴシエイション
―交渉の法文化

87791-190-4　C3032　　　A5判　247頁　3,600円

［法文化（歴史・比較・情報）叢書⑥］法の実効性を支える法意識・コンセンサスをネゴシエイション・交渉の法文化の視点から捉え直す作業は、法意識・コンセンサスが情報の影響を受けやすいことから情報化時代における意義は大きい。
(2009.6)

佐々木有司編

法の担い手たち

87791-192-8　C3032　　　　　A5判　313頁　3,800円

[法文化（歴史・比較・情報）叢書⑦] 法の形成・運用に携わり、これを担う人たちを法文化現象として捉える本書では、地域的・時代的に種々の法文化における多彩な「法の担い手たち」を取り上げ、論じている。

(2009.5)

王雲海編

名誉の原理
—歴史的国際的視点から

87791-207-9　C3032　　　　　A5判　269頁　3,600円

[法文化（歴史・比較・情報）叢書⑧]「名誉と不名誉の法的原理」の追究を通して、その裏に潜在している「文化的原理」および世界各地の「精神」を明らかにし、よりよく共存する世界の方途を思想する。

(2010.5)

眞田芳憲編

生と死の法文化

87791-208-6　C3032　　　　　A5判　255頁　3,400円

[法文化（歴史・比較・情報）叢書⑨]「いのちの尊厳」をめぐり法文化論的探究をおこなう。いのちをめぐる、歴史の中の、医療技術・いのちの尊厳、家族崩壊の中での、それぞれの「生と死の法文化」を追究する。

(2010.6)

屋敷二郎編

夫婦

87791-234-5　C3032　¥3600E　　A5判　333頁　3,600円

[法文化（歴史・比較・情報）叢書⑩] 変容する社会、国家を背景に見据えつつ、「夫婦」の法文化を法哲学・法制史学・比較法学・法実務などの多元的な学際的アプローチによって意欲的に探究する。

(2012.8)

堅田　剛編

加害／被害

87791-247-5　C3032　¥3600E　　A5判　215頁　3,600円

[法文化（歴史・比較・情報）叢書⑪] テーマの「加害／被害」の関係がなぜスラッシュなのか。公害事件など関係の逆転現象さえあるように見える事態がある。いま法的な責任の所在について足場を固める必要性を説く

(2013.5)

小柳春一郎編

災害と法

87791-262-8　C3032　　　　　A5判　223頁　3,600円

[法文化（歴史・比較・情報）叢書⑫] 災害対応に当たって公的制度のみならず、歴史における災害、災害と民事法、災害と司法制度、国際的文脈での災害などさまざまな角度からの法的研究である。

(2014.11)

林　康史編

貨幣と通貨の法文化

87791-275-8　C3032　¥3600E　　A5判　　頁　3,600円

[法文化（歴史・比較・情報）叢書⑬] 現代における貨幣制度は経済におけるグローバル化がすすみ、国家とコミュニティーの関係が貨幣制度を介して再考される。本書では貨幣と通貨の構造を理論面、制度面から解明しようとする。

(2016.9)

大学セミナー・ハウス編

大学は変わる
—大学教員懇談会15年の軌跡

906319-07-6　C3037　　　　　四六判　324頁　2,718円

大学と大学観の変貌を分析し、様々な課題に関する議論を通して新しい大学教育像を模索する。大学改革、一般教育、大学間交流、大学の国際化などを、高等教育関係の法規、省令、臨教審報告等を参照しながら論ずる。

(1989.7)

教養

大学セミナー・ハウス編
続・大学は変わる
―大学教員懇談会10年の軌跡

906319-63-7　C0037　　四六判　279頁　1,942円

「大学教育の改善」を巡って、大学教育とは何かという本質論、如何に変えるか、その具体的な試案や試行、その結果についての議論を展開してゆく。「改革の前夜」、「改革への苦悩」、「改革の萌芽」という構成をとる。　　　　　　　　(1995.7)

宇野美恵子
教育の復権
―大正自由主義教育と自己超越の契機

906319-14-9　C3037　　A5判　200頁　3,200円

中村春二「伝統的規範意識から近代的責任主体形成への道程」、野口授太郎「自由教育と知天の構造」、守屋東「矯風会運動から肢体不自由児教育へ」、手塚縫蔵・赤羽王郎・小原福治「自由教育と人格主義」を跡づけ教育の原点を探る。(1990.4)

伊藤順啓
短期大学の社会学

906319-17-3　C3037　　A5判　380頁　3,398円

第1部、社会学的「高等教育論」では、高等教育の現代的機能や短期大学教育の理念と役割を論述し、第2部、短期大学生の意識と行動では、短期大学生の職業意識、結婚観・家庭像などが描かれる。　　　　　　　　　　　　　　(1991.2)

伊藤順啓
短期大学教育再考

87791-095-6　C3037　　A5判　199頁　2,000円

一般教育課程の解体化という時代のうねりの中で、本書は短期大学が持つ教育特性を確認しつつ、地域福祉論、地方自治論などを通して「一般教育課程の理念と目標」及び「短期大学教育の存在意義」を今改めて世に問う。　　　　(2000.5)

原田憲一
地球について
―環境危機・資源涸渇と人類の未来

906319-16-5　C1044　　四六判　374頁　3,500円

人類の未来は地球を離れては存在し得ないことを、わかり易く説得力ある方法で伝える。近代の地球科学の成果をコンパクトに纏めた本書は、地球科学の専門家から国民に向けての、地球環境についての熱いメッセージの書である。(1990.9)

矢島道子
地球からの手紙

906319-26-2　C7045　　四六判　181頁　1,165円

「地球からの手紙」を、身近な場所に拾いに行こうと誘うユニークな本。だから手紙の返事は、自分の手、目で掘り起こし、観察した記録であり、それは発見となり、巧まずして自然観察の大切さ、地球のかけがえのなさを自覚させてくれる。(1992.7)

阿部勝巳
ワイングラスかたむけ顕微鏡
―古生物学者のひとりごと

906319-35-1　C1044　　四六判　211頁　1,748円

漱石の随筆や桂枝雀の落語、街で見掛けた看板の間違いなど身の回りにあるトピックを取り上げ、著者の思考・思索・信条に裏付けられた自己表現を基調としながら、古生物学の高度な知識をわかり易く語る優れたエッセイである。
　　　　　　　　　　　　　　　　　　(1992.12)

ピーター・ウェストブルック（遠藤一佳／阿部勝巳／大路樹生訳）
地球を動かしてきた生命

906319-66-1　C1045　　四六判　285頁　2,500円

地球の歴史とその発展に深い影響を与え、地球を大きく動かしてきた生命。その真理を解明する上で今日、地球科学と生物科学の有機的結合の必要性を提唱。バクテリアなどの小さきものの力の悠久性が読む物の目を瞠らせる。(1997.4)

町田甲一
概説東洋美術史

906319-04-1　C3022　　A5判　320頁　3,686円

中国文明圏、インド文明圏、西アジア文明圏相互の美術の様式の史的影響関係に注目する。仏教文化を基盤とした美術を中心に、インド以東の美術の史的変容を追跡する。口絵26枚、挿図468枚、美術史年表18頁は本書を特色づけている。(1989.7)